상 담 문 제 영 역 1

학업상담

황매향 저

상 담 학 Best Practice 시리즈

학지사

발간사

“상담학은 상담에 관한 이론 연구뿐만 아니라 그 실천에 대한 연구 또한 중요하다.”라는 명제에 대해 대부분의 상담학도들이 동의하리라 생각된다. 현재 우리나라에는 이미 수백 명의 상담학 전문가가 활동하고 있으며 수천 명의 학생들이 전문가가 되기 위한 수련을 하고 있다. 우리 상담전문가들은 청소년, 교육, 복지, 기업, 군대, 법원, 진로개발 등 여러 분야에서 전문적 활동을 하면서 국가와 사회에 공헌하고 있다. 상담의 실제는 이미 다양한 분야와 영역에 걸쳐 발전하고 있는 것이다.

‘상담학 Best Practice 시리즈’는 실제 상담현장에서 수고하는 많은 상담전문가들의 실천 경험을 기반으로 하여 기존의 상담학 교재들의 이론 중심 내용에서 벗어나, 보다 실제적이고 상담현장에서 쉽게 적용해 볼 수 있는 사례 중심의 실천적 상담교재라 할 수 있다. 상담학 Best Practice 시리즈는 상담기법 영역, 상담문제 영역, 상담 프로그램 영역, 상담자 전문성개발 영역 등 총 4개 영역으로 구성되었다. 이론보다는 실제 사례를 통해 이론과 기법들이 사례에 어떻게 적용되는지 그 과정과 절차를 자세히 기술하여 상담자들의 실천적 지식을 높이고자 하였으므로, 상담학에 입문한 전공자나 학교 현장의 전문상담교사 그리고 전국의 청소년상담센터 상담전문가들에게 실제적인 도움이 될 수 있을 것이다.

이 시리즈는 한국 상담학계에서 활발히 활동하고 있는 상담학 교수 및 박사들로 구성된 각 영역의 전문가들이 힘을 모아서 집필한 결실이다. 이 시리즈가 출간될 수 있도록 애써 주신 집필진 모두에게 편집위원회를 대표하여 진심으로 고마움을 전한다. 아울러 상담학 Best Practice 시리즈가 출간될 수 있도록 아낌없이 지원해 주신 학지사 김진환 사장님과 최임배 편집부장님을 비롯한 관계자 여러분께도 감사드린다.

2007년

상담학 Best Practice 시리즈 편집위원회 위원장

김계현

머리말

이 책은 청소년들의 학업과 관련된 어려움을 조력하는 서비스로서의 상담과정을 제안하고 있다. 문제영역별 상담접근의 한 영역으로 학업상담은 아직 이론적 기초를 확립하지 못한 상태다. 그러나 실제 현장에서는 많은 한국의 청소년들과 부모들이 학업문제로 어려움을 겪고 있고, 대부분의 청소년 상담에서 학업문제가 중요한 문제로 부각되고 있다. 상담전문가라면 이론이 확립되지 못했다고 하여 이런 요구를 모른 척 할 수는 없을 것이다. 상담자에게 어려운 일 중 하나는 체계적으로 배우지 않아서 잘 모르는 어떤 문제를 다루어야 할 상황일 것이고, 아마 청소년의 학업문제는 그 대표적인 예일 것이다. 이런 현장에서의 필요성으로 학업상담이라는 책을 쓰기 시작하였고, 그런 만큼 이론적 틀이 제대로 잡혀 있지 않아 어떻게 책을 구성할 것인가에 대한 고민도 많이 했었다. 나름대로 노력은 했으나 상담전문가들이 읽고 상담에 바로 적용할 수 있을 정도로 잘 쓰지 못했다는 아쉬움은 여전하다. 그래서 초고를 출판사에 보내면서 자신에게 이런 약속과 다짐을 했다. "비록 완성도가 떨어지는 책이지만 상담전문가들에게 피드백을 받을 수 있는 기회를 갖자. 그리고 그동안 공부도 좀 더 하고, 실무도 더 하면서 보다 나은 개정판을 낼 수 있도록 노력하자." 따라서 독자들도 이 책의 내용을 그대로 수용하기보다 비판적으로 읽으면서 좋은 피드백을 주기 바란다.

청소년들이 겪는 학업문제에 관심을 가지고 공부하기 시작한 것은 석사과정에 들어왔을 때부터니까 꽤 오래되었지만, 아직도 무엇을 공부해야 할지 혼란스러울 때가 많다. 다른 문제영역별 상담과는 달리 학업상담은 다른 나라에서 차용해 올 수 있는 이론이나 체계가 없었기 때문에, 미국 상담심리학에 대한 의존도가 높은 우리나라에서 학업상담에 대해 배우는 데는 한계가 많았다. 그래서 여러 분야에서 학업과 관련되어 보이는 것을 조금씩 공부하게 되었다. 처음엔 학업과 관련된 여러 장애에 대한 공부와 실습을 시작하였고, 지능이론, 학습이론, 동기이론 등 교육심리학 공부에도 열중했다. 실제 상담 수련과정에서는 행동수정을 적용한 개입전략과 학습전략 프로그램에 집중했었고, 학습동기 증진을 위한 방안으로 진로발달에 대한 공부도 뒤늦게 시작하였다. 개인적으로 학업상담의 실제에 도움을 받았던 지식들은 다른 상담자들이 학업상담을 해 나갈 때도 도움이 될 것이라는 기대에서 이런 개인적 공부의 과정을 이 책의 내용으로 담았다. 이 책은 따로 부를 나누지 않고, 1장, 2~5장, 6~7장의 세 부분으로 구성하였다. 먼저, 학업상담이 무엇인가에 대해 독자와 합의점을 찾고 싶어 학업상담이 갖는 고유한 특성에 대해 다루었다. 다음으로 학업상담의 기초가 되는 개념들을 정의하고 그 개념들을 중심으로 내담자를 어떻게 이해하고 도울 것인가에 많은 지면을 할애하였다. 교육심리학 개론서를 비롯하여 다른 교재나 책을 통해 빈번하게 소개되는 부분은 가능한 한 줄이면서 학업상담 전문가에게 시사하는 점이 큰 내용에 강조점을 두었다. 1장에서 제안한 내담자의 학업문제를 학업성취도와 관련된 능력의 문제, 학업과 관련된 태도의 문제, 실제 학업을 수행하는 행동의 문제로 분류하는 틀에 따라, 능력에 해당하는 지적 능력, 태도에 해당하는 학습동기, 행동에 해당하는 학습전략에 대해 2장, 3장, 4장에서 각각 다루고, 5장에서는 학업 관련 장애를 다루었다. 마지막 부분에서는 개입전략과 사례를 소개하여 학업상담의 실제가 어떤 모습인지 살펴보았다. 개입전략 부분은 거의 전적으로 개인적인 상담 경험에 기초하여 정리해 보았고, 사례는 다른 두 전문가의 사례를 인용하여 조금은 다양한 측면을 드러내고자 하였다.

이 책의 주된 독자는 이미 상담에 익숙한 현장의 상담전문가들이라고 기대하고 있다. 상담에서의 적용영역별 접근은 일반적인 상담과정을 공유하고 있기 때문에, 현장의 상담전문가들이 익숙한 상담의 일반적인 원리나 과정에 대해서는 다루지 않았다. 만약 초보 상담자들이 이 책으로 학업상담을 공부한다면, 다른 입문서들과 함께 읽어 나가야 할 것이다. 또한 우리 사회가 평생교육 사회로 진입하면서 학업의 문제가 청소년에게만 국한되지 않지만, 이 책은 청소년들의 학업문제에 초점을 두고 있음을 밝힌다. 따라서 대학생이나 성인을 대상으로 한 학업상담의 경우, 이 책의 내용을 기초로 삼을 수는 있지만 성인학습자들의 특성에 대한 이해가 병행되어야 할 것이다.

서두에서도 밝혔듯이 충분히 익지 않은 과일을 장에 가지고 나온 것은 아닌지 하는 불안과 부끄러움을 안고 있다. 이 책을 통해 보다 많은 상담자들이 학업상담에 관심을 갖게 되고, 학업상담에 대해 함께 이야기를 나눌 수 있게 되기를 바란다. 그리고 그 담론들이 잘 반영되어 개정을 할 때마다 조금씩 조금씩 나아지기를 기대한다. 일일이 밝히지는 못하지만 이 일을 마칠 수 있도록 용기와 도움을 주었던 가족, 동료, 선생님들과 선후배들, 내담자 등 많은 사람들에게 진심으로 감사드린다. 마지막으로 "상담학 Best Practice 시리즈"를 기획하신 김계현 교수님과 책의 출판을 도와주신 학지사 김진환 사장님과 직원 여러분께 깊이 감사드린다.

2008년

황매향

차 례

1장 학업상담의 의미 11

1. 학업상담의 특징 ■ 13
2. 학업상담의 과정 ■ 17
3. 학업성취도 결정요인 ■ 21

2장 지적 능력 25

1. 지능과 학업성취 ■ 25
2. 지능검사 ■ 29
3. 지능검사의 활용 ■ 36
4. 선수학습과 학업성취 ■ 45

3장 학습동기 51

1. 강 화 ■ 52
2. 자기효능감 ■ 59
3. 귀인양식 ■ 63
4. 내적 동기 ■ 78
5. 자아실현 경향성 ■ 87

4장 학습전략 93

1. 학습전략의 분류 ■ 94
2. 인지 및 상위인지전략 ■ 99
3. 관리전략 ■ 102
4. 학습스타일 ■ 110

5장 학업 관련 장애 113

1. 학업 관련 장애 분류 ■ 113
2. 학습장애 ■ 117
3. 주의력결핍 과잉행동장애 ■ 126
4. 전반적 발달장애(자폐성 장애) ■ 139
5. 기타 장애에 대한 일반적 개입전략 ■ 145

6장 개입전략 149

1. 현재 성취 수준에 대한 수용 촉진 ■ 150
2. 선수학습의 개선 ■ 152
3. 성공경험 확대하기 ■ 154
4. 학습전략 습관화하기 ■ 158

7장 상담 사례 163

1. 사례 1: 조기유학으로 학습결손이 생긴 초등학교 6학년 명훈 ■ 163
2. 사례 2: 중학생이 되어 성적이 떨어져 고민하는 영재 소녀 혜미 ■ 171
3. 사례 3: 시험불안을 호소하는 고등학교 2학년 민수 ■ 177

참고문헌 ■ 183
찾아보기 ■ 193

1 학업상담의 의미

김계현(1995)의 적용영역별 접근『상담심리학』의 출간은 상담이론에 새로운 패러다임을 제안하였다. 김계현은 전통적으로 상담 관련 교과서들이 인간의 인지, 행동, 감정에 대한 이론에 바탕을 두고 각 이론별 상담원리를 정리하는 방식에서 탈피하고, 상담이 적용되는 문제영역별로 새로운 상담학의 틀을 잡아 나가야 한다고 주장하였다. 김계현은 상담의 적용영역을 잠정적으로 다음과 같이 8가지로 나누어 정리하였다. 정신건강문제와 상담, 성격문제와 상담, 교육 및 학습문제와 상담, 진로문제와 상담, 직업적 적응문제와 상담, 부부 · 가족문제와 상담, 기타문제와 상담(신앙, 죽음, 건강 등), 성장욕구와 상담 등이다.

현재 각 적용영역별 상담이론이나 모형은 아직 정립되지 못한 상태이지만, 여러 상담 분야 연구자들이 관심을 가지고 연구하고 있다. 그리고 이러한 적용영역들 가운데 '교육 및 학습

문제와 상담'은 그 상담이론과 모형에 대한 개발 필요성을 현장에서 더욱 절실히 요구하고 있다. 특히, 우리나라는 학생들에게 '공부'를 무리하게 강조하고 있으며 성적이 학생 평가에 미치는 영향이 매우 커서 공부가 안 되거나 성적이 나쁠 경우 다양한 문제가 발생한다. 공부와 관련된 문제는 초등학교 이전부터 대학 및 대학원까지 폭넓고 다양하게 제기된다. 최근 들어서는 공부 문제를 중심으로 다루는 상담 영역을 특히 '학업상담(counseling in academic problems)'이라고 명명하여 관심이 모아지고 있다(김혜숙 외, 1996).

공부는 새로운 지식을 습득하고 활용하면서 다시 새로운 지식을 생산해 내는 과정이다. 이 과정에서 겪게 되는 여러 가지 어려움을 조력하는 상담을 학업상담이라고 정의하고자 한다. 우리 사회가 학습사회로 진입하면서, 학업은 학교를 다니는 학생들의 문제뿐만이 아니라 태어나면서부터 죽는 날까지 해야 하는 과업이 되었다. 그러나 이 책은 학업이 삶의 중심에 있는 청소년기에 초점을 맞추고 있다. 유아나 성인, 나아가 노인 대상의 학업상담은 이 책의 범위를 넘어서는 것으로 다른 문헌을 참고하기 바란다. 그리고 학업과 관련된 여러 가지 조력 서비스 중에서 개인상담에 초점을 두고 있으므로 교육, 생활지도 집단상담 프로그램, 약물 치료 등 다른 조력 서비스와 조화를 이룰 때 최선의 서비스가 될 수 있을 것이다.

1. 학업상담의 특징

학업은 청소년기의 가장 중요한 발달 과제로서 생활의 중심이 된다. 사회구성원에게 주어진 역할 면에서 보더라도 청소년기에는 학업에 매진하는 것이 자신의 역할을 수행하는 중심이다. 따라서 학업과 관련된 문제는 청소년의 삶 전반에 관련되어 있으므로 학업에서의 부적응이나 어려움은 생활의 모든 영역에 영향을 미치며, 또한 청소년에게 발생한 어떤 문제나 갈등은 대부분 학업에 곤란을 초래한다. 따라서 학업문제를 다루는 것과 청소년문제를 다루는 것은 별 차이가 없어 보이며, 학업문제만 따로 구분해 내는 것은 어려운 일이다. 또한 모든 청소년들이 학업이라는 과업을 수행하고 있어서 누가 학업상담 서비스의 대상이고 누가 아닌지에 대한 경계가 불분명하다. 우리나라처럼 교육열이 높은 사회에서는 부모의 기대라는 요인이 청소년 학업문제의 큰 배경으로 자리 잡고 있다. 바로 이런 점들이 학업상담의 주요한 특징이 되는데, 대표적인 특징을 정리해 보면 다음과 같다.

첫째, 학업상담의 상담목표가 무엇인지 혼란스러울 때가 있다. 일반적으로는 학업상담을 학습부진에 관한 전문적인 조력이라고 생각하기 쉽다. 이러한 경우의 상담목표는 부진한 학업성취도(성적)의 개선 또는 향상이 될 것이다. 그러나 상담이라는 서비스가 '성적 올리기'의 가장 좋은 서비스인가, 성적 올리기라는 목표가 상담의 목표로 적절한가, 어느 정도까지 성적을 올려야 목표가 성취되었다고 할 수 있는가 등의 질문을 던져 보면 단순히 성적 올리기를 상담목표로 삼을 수 없다는 것을 알 수 있다. 따라서 상담자는 학업과 관련하여 내담자가 어떤 문제를 호소하고, 어떻게 해결하기를 바라며, 어떤 것이 내담자의 복지를 위해 최선인지에 주의하면서 목표 합의에 많은 노력을 기울여야 한다.

둘째, 부모의 손에 이끌려 상담실을 찾아온 내담자는 대부분 비자발적 내담자다. 많은 경우 학교상담은 내담자인 학생의 자발적인 의사에 따라 성립되기보다는 문제를 인식한 교사의 추천과 요구로 시작되는 경우가 많다. 학업상담도 예외는 아니어서 내담자가 비자발적인 경우가 많은데, 일반 학교상담과는 달리 교사의 추천이나 요구보다는 적극적인 요구를 가진 부모와 함께 오는 경우가 많다는 점이 특징이다. 부모의 요구 중 거의 대부분이 내담자의 성적 올리기인데, 이러한 부모의 기대 자체가 내담자를 고통스럽게 만드는 경우도 적지 않다. 다시 말하면, 학업문제는 내담자가 절실히 해결하고 싶은 것이 아니라 부모가 보기에 해결해야 할 문제인 것이다. 부모의 요구에 귀를 기울이면 내담자와 관계를 형성하기 어렵고, 부모의 요구를 무시하면 상담을 지속하기 어려운 상황에 처할 수도 있다. 따라서 상담에 대한 내담자의 동기를 불러일으키고, 부모의 요구를 현실화하기 위한 노력을 병행해야 하는 것이 학업상담의 주요 과제다.

셋째, 학업문제와 그 밖의 문제를 구분해야 한다. 내담자가 호소하는 학업문제의 원인이 비교적 명확하고 단순할 경우, 상담자는 학습 관련 장애에 대한 처치, 학습전략 프로그램을 통한 공부 방법의 개선, 보충학습을 통한 선수학습의 결핍 해소 등이 가능하도록 조력 체제를 조정하고 구축하는 역할을 하게 될 것이다. 그러나 대부분의 내담자들이 호소하는 학업문제는 상당히 오랫동안 지속되면서 학업 외에 다른 적응영역에서도 심각한 문제를 가지고 있거나, 그 특성상 복잡한 요인이 관련되어 있거나, 학업문제에 따른 정서적 곤란을 겪는 경우가 많다. 또는 학교부적응, 가정불화, 또래관계나 이성관계에서의 실패, 심각한 우울이나 불안 등이 학업문제를 초래하는 경우도 적지 않다. 이러한 복합적인 학습부진의 문제를 해결하려면 어떤 문제가 가장 심각한지를 구분하고 우선순위에 따라 개인상담을 통해 지속적이고 체계적인 조력 서비스를 제공해야 한다. 필요에 따라 공부 방법 향상 프로그램, 보충학습, 약물 치료 등을 병행할 수 있고, 성격상담과 학업상담을 병행할 수도 있다.

생각해 보기

청소년들이 호소한 학업문제들을 검토하면서 학업상담에서 설정할 수 있는 다양한 상담목표를 구상해 보기 바란다. 다음은 김창대, 이정윤, 이영선, 남상인(1994)이 학업문제를 호소한 청소년들의 호소문제를 12가지로 분류한 것이다. 이러한 호소문제에 대한 적절한 상담목표를 구성해 볼 수 있을 것이다.

① 시험불안(시험에 따른 불안감과 압박감에 시달리는 경우)
② 공부 자체에 대한 회의와 의문(공부의 필요성에 대한 근본적인 의문과 회의를 가진 경우)
③ 집중력 부족(주의산만, 잡념 등에 따른 집중력 부족으로 공부나 성적에 부정적 영향을 미치는 경우)
④ 성적 저하 및 저조에 따른 걱정과 스트레스(성적이 떨어지거나 오르지 않아 걱정인 경우)
⑤ 공부 방법 문제(효과적인 공부 방법을 모르거나 비효율적인 공부 방법으로 성적에 부정적 영향을 미치는 경우)
⑥ 공부에 대한 반감(공부에 대한 근본적인 의문도 별로 없으면서 반감과 반발심을 갖는 경우)
⑦ 노력은 했는데 성적이 안 오름(나름대로 공부를 하려고 하고, 실제로 했음에도 불구하고 뚜렷한 원인을 알 수 없이 결과가 좋지 않아 고민하는 경우)
⑧ 능력 부족(실제 능력, 즉 지능이나 기억력이 낮거나 부족하여 공부나 성적에 영향을 미치는 경우)
⑨ 공부 습관 미형성(공부를 하고자 하는 마음과 달리 체계적인 습관이 형성되지 않은 경우)
⑩ 공부에 대한 동기 부족(공부에 대한 반감이나 반발심 등의 부정적인 감정은 없지만, 단지 공부하려는 마음이 형성되지 않은 경우)
⑪ 성적에 대한 집착(공부의 질적인 면에 치중하기보다는 점수나 등수에 지나치게 얽매여서 강한 경쟁심을 느끼고 심지어는 죽고

싶다는 생각까지 하는 경우)

⑫ 성적에 따른 관계 문제(공부 및 성적에 대한 문제들로 친구나 부모, 교사와의 관계에서 문제를 겪는 경우)

2. 학업상담의 과정

학업상담이라고 해서 일반 청소년상담과는 완전히 다른 새로운 상담과정을 거치는 것은 아니다. 학업상담의 과정 역시 '관계형성-문제 진단-상담목표 합의-개입-종결 및 추수 지도'라는 일반적인 상담과정을 따른다. 단지 관계형성 단계에서 내담자와의 관계형성뿐만 아니라 부모와의 관계형성이 강조된다는 점과 문제 진단 단계에서 학업 자체의 문제와 학업 이외의 문제를 구분하여 파악해야 한다는 점이 다르다고 할 수 있다.

모든 상담과 마찬가지로 학업상담도 내담자들이 편안하게 자신의 문제를 탐색할 수 있고 이해받고 있다는 분위기 형성(라포형성)에서 출발한다. 일반적으로 내담자들은 안전하고, 지지받고, 존중받고, 돌봄을 받고, 소중히 여겨지고, 칭찬받고, 인격체로 받아들여지고, 경청받고, 듣고 있다고 느낄 필요가 있다(Hill & O'Brien, 1999). 성공적인 상담을 위해서는 튼튼한 상담협력관계(작업동맹이라고도 함)가 필수적이다(Gelso & Carter, 1985). 상담협력관계의 개념을 처음 소개한 보딘(Bordin, 1979)

은 상담자와 내담자 사이의 촉진적 관계는 유대(bond), 목표에 대한 합의(goal), 과업에 대한 합의(task)의 세 가지 측면으로 구성된다고 보았다. 즉, 상담자는 내담자와 연결되어 있다는 강한 느낌과 내담자의 문제를 해결하기 위한 어떤 과제와 목표를 공유해야 한다는 것이다. 이러한 촉진적 관계형성의 원리와 어떻게 촉진적 관계를 형성해 나갈 것인가의 과정은 학업상담에서도 일반 상담과정에서와 동일하게 적용된다.

학업상담에서 우선 고려해야 할 사항은 유대의 바탕이 되는 신뢰감이다. 상담자는 내담자들에게 인간적인 측면에서뿐만 아니라 전문적인 측면에서도 신뢰감을 주어야 한다. 학업문제를 호소하는 내담자들은 학업문제와 관련된 전문 지식과 실무 경력을 갖춘 상담자를 원할 것이다. 이러한 신뢰를 바탕으로 상담자와 함께 상담을 해 나가면서 자신의 문제를 해결하면 현재 겪는 심리적 갈등을 해소할 수 있고 더 유능한 사람이 될 수 있다고 믿게 되며, 그 믿음이 있어야 상담을 받기 위한 자발적인 노력을 기울이게 된다.

학업상담에서 촉진적 관계형성의 대상에는 청소년 자신뿐만 아니라 그 청소년과 동반한 부모 또는 중요한 타자도 포함된다. 앞서 살펴본 것처럼 많은 청소년 내담자가 부모의 손에 이끌려 상담실을 찾는다. 그러므로 부모 또는 중요한 타자와도 상담협력관계를 형성해야 한다. 특히, 부모 또는 중요한 타자로부터 얻은 신뢰감은 최종 목표인 내담자의 변화를 위한 강력한 협조를 보장해 줄 것이다.

자발적으로 내방한 것이 아니라 부모가 먼저 문제를 제기하여 '끌려온' 경우는 내담자와 촉진적 관계를 형성하기가 쉽지 않다는 점도 감안해야 한다. 부모의 요구가 다른 상담에서보다 강력할 수 있고, 이러한 부모의 욕구는 내담자의 비자발성을 더욱 강화시킨다. 이러한 경우 실제 상담 진행 과정에서 내담자의 저항이 강하게 일어날 수 있으므로 내담자들과 촉진적인 관계를 맺는 것은 학업상담자가 극복해야 할 매우 큰 도전 과제다. 여기도 일반적인 상담의 원리에서 배운 비자발적 내담자와의 관계형성 원리(금명자, 김택호, 김은영, 2002; 김혜숙, 공윤정, 박한샘, 1996; 양미진, 2005 참조)를 그대로 적용할 수 있다.

잠시 쉬어 가기

양미진(2005)은 비자발적 청소년 내담자와의 상담과정에 대한 심도 깊은 연구를 통해 상담자들에게 유용한 정보를 제공하고 있다. 다음에 제시한 주요 연구결과를 염두에 두고 비자발적 청소년 내담자와의 상담을 준비하기 바란다.

첫째, 중요한 상담 지속 요인은 비자발적 청소년 내담자의 '부모'였다. 상담과정에서 부모가 동행하거나 상담을 하는 등의 참여는 상담자와 내담자가 상담관계를 형성하는 데 필요한 시간을 확보하여 상담을 지속할 수 있도록 하였다. 또한 부모의 상담참여는 부모도 변화를 위해 노력하고 있음을 내담자가 인지함으로써 상담동기 형성에 긍정적인 영향을 미쳤다. 그러나 동시에 부모는 청소년 내담자의 비자발성을 강화시키는 요인인 것으로 밝혀졌다.

둘째, 비자발적 청소년 내담자의 상담 지속에는 '상담자'가 중요 요인임이 확인되었다. 상담에 대해 부정적 인식을 가진 청소년 내담자도 상담자에 대해서는 상담 초기부터 호감을 느끼고 신뢰하였으며, 긍정적으로 지각하였다. 또한 상담자의 학력이나 자격 여부, 경력의 정도 등에 관심을 갖기보다는 편안하고, 믿을 수 있고, 재미있는 상담자에 대하여 긍정적으로 지각하는 것으로 나타났다.

셋째, 청소년 내담자의 특성 파악과 이에 따른 적절한 상담기법의 사용이 상담을 지속시키는 요인으로 나타났다. 경청과 공감, 내담자에 대한 인정과 존중 등 상담관계 형성을 위한 기법과 함께 내담자의 문제해결을 위한 조언과 정보의 제공 등의 적극적이고 지시적이며 교육적인 상담기법이 사용될 때 상담이 지속되었다. 또한 그림이나 만화 그리기, 실뜨기, 찰흙을 사용한 상담 진행 등 내담자가 원하는 놀이 활동 등을 통하여 자연스럽게 자신을 표현할 수 있도록 하는 것이 효과적이었고, 상담자와 내담자가 합의한 상담목표가 있는지, 그 목표를 내담자도 인식하는지의 여부도 관건이었다.

넷째, 상담이 자신에게 도움이 되고 상담을 통하여 변화가 있을 것이라는 기대와 지금까지 다루어진 상담에 만족하고 지금까지 다루지 않은 내용에 대하여 상담하고 싶어 하는 상담에 대한 긍정적 기대가 지속 요인임이 밝혀졌다.

다섯째, 비자발적 청소년 내담자의 경우 의뢰자가 의뢰하여 상담이 시작되었으나, 상담이 지속된 결과 나타난 성과는 성인 내담자와의 상담 성과 이상이었다. 즉, 이들은 상담을 통하여 자신의 문제에 대한 원인을 알게 되었고, 이를 해결할 수 있는 방법도 익히게 되었다.

여섯째, 상담이 개입되기 전 내담자의 비자발성의 원인을 확인한 결과, 내담자의 대부분이 상담에 대하여 강한 부정적 인식을 지니고 있는 것으로 나타났다.

3. 학업성취도 결정요인

상담자는 내담자를 효율적으로 돕기 위해서 내담자가 호소하는 학업문제를 체계적으로 파악해야 한다. 그러나 학업문제의 분류 체계는 아직 합의를 이루지 못하고 있다. 합의된 문제 분류 체계가 없다는 것은 상담자들이 학업상담을 어렵게 느끼는 이유 중 하나이기도 하다. 상담 현장에서는 학업문제를 분류할 수 있는 이론적 틀 없이 여러 호소문제들의 공통점을 요약하여 문제를 제시하는 방식이 사용되고 있다. 예를 들어, 한국청소년상담원에서 제시한 학업문제 진단 체계를 보면, 학업으로 어떤 고민을 하고 있는가에 대하여 등교 부담, 수업 부담, 학업 소진, 학업 무의미, 시험불안, 결과불안, 방법불안, 학업외 관심, 학업 무계획, 학업 비효율, 자기이해 부족, 자신감 부족(교우 관계), 자신감 부족(학교 적응), 학업 자아개념 등 14가지 영역을 설정하였다. 또한 학업문제의 주요 원인이 무엇인가에 대해 공부계획 문제, 독서방법 문제, 심화학습 문제, 학업동기 부족, 선수학습 부족, 주의 분산 문제, 신체적 문제, 집안 환경 문제, 부모와의 관계 문제, 교사와의 관계 문제, 과장된 생각, 강박적 생각, 비관적 생각 등 13가지 영역을 설정하였다(김태성 외, 2001). 이것은 청소년의 학업관련 호소문제를 모두 포괄하였다는 장점이 있지만, 너무 많은 영역에 걸쳐 학업문제가 정리되어서 내담자의 문제를 효율적으로 개념화하는 데는 한계가 있다.

학업문제를 파악할 수 있는 또 다른 방법은 학업성취에 영향을 미치는 변인을 중심으로 문제를 파악하는 것이다. 지금까지 여러 선행연구를 통해 학업성취도에 영향을 미치는 다양한 변인들이 제시되었다. 오성삼과 구병두(1999)는 학업성취 관련 변인에 대한 메타 분석에서 국내 석·박사 학위 논문 중 학업성취와 관련된 논문이 813편에 달한다고 밝혔다. 오성삼과 구병두는 논문 813편을 수집하여 메타 분석이 가능한 587편의 논문을 그 내용에 따라 가정변인, 학교변인, 교사변인, 학생변인, 교수-학습변인 등 5개 변인군으로 분류하여 메타 분석을 시도하였다. 그 결과, 학업성취에 영향을 미치는 변인 가운데 가장 큰 효과를 지닌 것은 교수-학습변인군(e.s=.69)이었으며, 다음으로 학생변인군(e.s=.47), 교사변인군(e.s=.42), 가정변인군(e.s=.33), 학교관련 변인군(e.s=.25)의 순으로 나타났다. 그리고 이들 각 변인군 속에 포함된 세부 변인들, 즉 상위인지(e.s=1.84), 학생의 기대 지각(e.s=1.24), 지능(e.s=1.11),

교사의 직무 만족(e.s=1.06) 등이 학업성취도에 큰 영향을 미치고 있는 것으로 나타났다.

또한 미국의 경험적 연구를 개관한 Arbona(2000)는 선행연구를 통해 밝혀진 학업성취 결정요인 가운데 가장 영향력이 큰 변인은 전통적으로 지능과 부모의 사회경제적 지위인 것으로 알려져 있다고 밝혔다. 학업성취 결정요인에 대한 최근 연구(김미란, 2005)에서도 학업성취에 직접적으로 영향을 미치는 변인이 선수학습, 기억력, 추론 능력, 학교 일반 자아개념, 지적 흥미 조작, 독해력, 자율성 보장, 교과에 대한 태도 등으로 나타났다. 즉, 가장 많은 영향을 주는 변인은 인지적 특성이고, 인지적 특성 중에서도 특히 선수학습의 결정력이 가장 높았다.

학업성취도에 영향을 미치는 변인에 대한 연구들이 개별 변인과 학업성적과의 관계에 치중되어 있음을 비판한 이해명(1998, 2001)은 학업성적의 결정구조를 제안하고 있다. 중학생의 경우, 학업성적과 상관관계가 높은 변인은 지능(.67), 노력(.60), 가정환경(.31), 사회환경(.29), 학교환경(.19), 과외(.19) 등의 순으로 나타났다. 고등학생의 경우 학업성적을 결정하는 변인들의 상관관계가 조금 다른데, 지능(.73), 학교환경(.57), 노력(.49), 사회환경(.37), 가정환경(.31), 과외(.22) 등의 순이었다.

지금까지 살펴본 것과 같이 학업성취도에 영향을 미치는 요인에 대한 연구들은 어떤 공통된 틀을 공유하지 못하고 서로 다른 관점에서 접근하고 있다. 이 책에서 이러한 다양하고 복잡한 학업성취도의 영향 요인을 모두 포괄하기는 어렵다. 지금까지의 상담 경험을 바탕으로 개념적 틀을 제안해 보면, 내담자의 학업문제를 학업성취도와 관련된 능력의 문제, 학업과 관련된 태도의 문제, 실제 학업을 수행하는 행동의 문제로 분류하는 방법이 있다. 이러한 체제는 절충적 상담에서 제안하는 인지-정서-행동이라는 축과 관련이 있으며, 인간의 행동변화를 지적-정의적-행동적 측면에서 조망하는 교육학적 관점과도 일관된다. 이 책에서는 능력에 해당하는 지적 능력, 태도에 해당하는 학습동기, 행동에 해당하는 학습전략에 대해 다룰 것이다.

2 지적 능력

1. 지능과 학업성취

지능은 학업성취도와 가장 높은 상관관계를 보이는 변인이다. 지능지수와 학교 성적 간에는 높은 상관관계(r =.60)가 있는데, 이것은 곧 지능검사를 학업적성이라고 할 수 있음을 의미한다(이성진, 1996). 지능지수와 학업성취도의 높은 상관관계는 지능검사가 탄생한 역사를 보면 당연한 것이라고 할 수 있다. 최초로 지능을 과학적으로 측정하려고 시도했던 사람은 Galton이지만, 현재 우리가 사용하고 있는 지능의 개념을 반영한 최초의 지능검사는 'Binet 검사'다. 프랑스는 1882년에 처음으로 의무교육을 실시하면서 공립 의무 무상 보통교육제도를 확립하였다. 이러한 공교육이라는 새로운 교육제도가 도입되면서 지능검사의 필요성이 대두된 것이다. 모든 아동이 학교에 다니게 되고, 한 교사가 다양한 능력을 가진 학생들을 동시에 가르치게 되면서, 학습자의 개인차가 학교 운영에 영향을 미치게 되었다. 프랑스 교육위원회는 교사의 주관적이고 편향된 평가를 피하기 위해 정신능력이 매우 낮아서 특수교육이 필요한 아동을 선별하려고 하였다. 1890년 프랑스 정부는 Binet에게 학교에서의 학업성취를 예측할 수 있는 수단을 찾아 달라는 요청을 하였다. 이러한 요구에 따라 Binet는 조교인 Simon과 함께 1905년에 처음으로 일반 정신능력 검사를 개발하였다. 따라서 그 당시에는 지능검사가 아동의 초등학교 입학 여부를 결정하기 위한 검사로 사용되었고, 특히 정신지체아를 식별하는 것에 주안점을 두었다. 학생의 능력 수준을 하나의 지수인 지능지수로 표현하는 방식은 Binet 검사를 근거로 하여 미국의 Terman이 개발하였다. 1916년 미국 스탠퍼드 대학의 Terman과 Merril이 제작한 'Stanford-Binet 검사'는 정신연령(M.A)과 생활연령(C.A)을 비교하여 지능지수를 산출하였다. 즉, 최초의 지능검사는 아동의 학업수행능력을 미리 예측하기 위해 고안되어 그 역할을 잘 수행했으며, 지금까지도 지능지수는 학업성취 수준을 예측하는 중요한 변인으로 손꼽히고 있다.

그러므로 학업상담의 실무자는 내담자의 지능(지적 능력)을 객관적으로 파악해야 하며, 지능이 내담자의 학업에 어떤 영향을 미치는지 이해해야 한다. 지능을 객관적으로 파악하기 위해 가장 흔히 사용되는 방법은 지능검사다. 교육심리학에서 다루는 지능이론에 대한 숙지를 전제하고, 여기에서는 상담과정에서 지능검사의 결과를 어떻게 활용할 것인가에 초점을 둘

것이다. 우리나라에서 사용 중인 지능검사는 학교 내 전체 학생들을 대상으로 실시되는 집단 지능검사와 상담실에서 사용되는 개인 지능검사다. 상담자는 내담자를 대상으로 직접 지능검사를 실시할 수도 있고, 다른 전문가로부터 검사결과를 인계받을 수도 있다. 집단 지능검사는 실시와 채점에 요구되는 시간과 비용 면에서 개인검사에 비해 매우 효율적이다. 그러나 개인 지능검사에 비해 신뢰도나 타당도가 낮고, 다양하고 구체적인 개인의 지적 특성을 파악하는 데 어려움이 있으므로 학업상담에서는 집단 지능검사보다 개인 지능검사를 사용할 것을 추천한다.

각 연령별 IQ와 중학교 시기 학업성취도

우리 아이들이 중학교 1학년 때 국어, 수학의 표준화 절대학력검사를 실시한 결과와 IQ점수의 상관관계를 계산한 결과가 다음 표에 제시되어 있다.

IQ점수의 설명변량은 국어 20.3%, 산수 31.9%, 총점 36.9% 이다. IQ가 학업성취도를 설명하는 변량이 35% 정도라면 나머지 65%는 무엇이 설명할 것인가?

〈표 1〉 IQ와 13세(중1, 2)의 절대학력검사 점수와의 상관관계

지능	국어	수학	총점
IQ3	.009	.133	.101
IQ4	.039	.167	.137
IQ5	.217	.261*	.284*
IQ6	.188	.167	.204
IQ7	.327**	.269*	.360**
IQ8	.462***	.301*	.423***
IQ9	.268*	.276*	.318***
IQ10	.353**	.450***	.481***
IQ11	.520***	.599***	.662***
IQ12	.588***	.616***	.684***
IQ13	.451***	.565***	.608***
IQ15	.471***	.457***	.541***
IQ16	.346**	.457***	.490***
IQ17	.486***	.545***	.611***
N 최소: 56명, 최대: 68명			

* p<.05, ** p<.01, *** p<.001

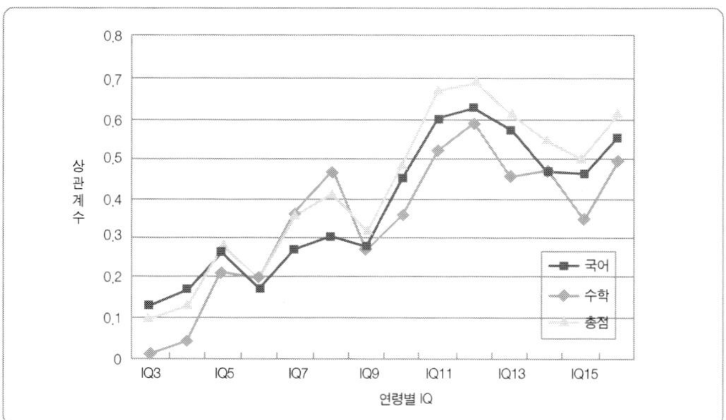

[그림 1] 연령별 IQ와 절대학력평가 점수와의 상관관계

일부 교육심리학자(이성진, 1996)는 '제도적인 학습환경'을 학생의 학습동기를 유발하는 교사의 수업행동에서 그 답을 찾으

려고 하였다. 설명되지 않은 65%에 해당하는 부분, 즉 IQ가 설명하지 못하는 부분은 교사가 학교(학급)에서 그의 수업행동이 만드는 바로 그 환경이라는 것이다. 물론 이 65%에는 학생의 학습동기뿐만 아니라 학습과 관계되는 많은 다른 요인들이 존재하고 그것이 종합적으로 학업성취도에 작용할 것이다. 그리고 그런 여러 가지 요인들은 지능보다는 교사의 수업행동으로 수정이 가능할 것이다.

출처: 이성진(2005). 한국인의 성장 · 발달: 30년 종단연구, pp. 151-153.

2. 지능검사

1) 웩슬러 검사

최초의 지능검사인 'Binet 검사'는 아동용 검사로 개발된 것으로 성인의 지능 측정에는 한계가 있었다. 뉴욕의 벨레뷰 병원에서 근무하던 David Wechsler는 성인에게 보다 적합한 지능검사가 필요하다고 생각하여 1939년에 'Wechsler-Bellevue 지능검사'를 개발하였다. 그리고 기존의 지능검사들이 언어와 언어적 기술에 너무 많이 치중하였다고 생각하여, 비언어적 지능을 측정하기 위한 새로운 수행검사를 개발하였다. 'Wechsler-Bellevue 지능검사'는 크게 세 가지로 성인용(WAIS: Wechsler Adult Intelligence Scale), 아동용(WISC: Wechsler Intelligence Scale for Children), 유아용(WPPSI: Wechsler Preschool and Primary Scale of Intelligence)이 있다. 이 중 한국에서는 1963년에 성인용 검사 KWIS(Korean-Wechsler Intelligence Scale, 전용신, 서봉연, 이창우, 1963)가 처음으로 제작되었고, 1992년에 개정판 K-WAIS가 표준화되었다(임상심리학회 편, 1992). 그리고 1989년에 개정된 유아용 웩슬러 검사(WPPSI-R)는 1996년에 한국판 K-WPPSI로 표준화하였다(박혜원, 곽금주, 박광배, 1996). 또 아동용 웩슬러 검사(WISC)를 바탕으로 K-WISC(이창우, 서봉연, 1974)가 제작되었고, 이어 1991년에 한국교육개발원에서 KEDI-WISC가 개발되어 최근 사용되다가, 2001년에 WISC-Ⅲ를 바탕으로 K-WISC-Ⅲ가 제작되었다(곽금주, 박혜원, 2001). 유아용 웩슬러 검사(K-WPPSI)는 보통 만 3~7세의 연령을 위한 것이고, 아동용 웩슬러 검사(K-WISC-Ⅲ)는 만 6세부터 만 16세까지 활용하며, 성인용 웩슬러 검사(K-WAIS)는 만 17세 이후부터 사용한다. 따라서 초등학생과 중학생에게는 K-WISC-Ⅲ, 고등학생에게는 K-WISC-Ⅲ 또는 K-WAIS가 실시된다. 그런데 고등학생을 대상으로 하는 실제 학업상담에서는 학교 성적을 활용하는 것이 더욱 편리하고 유용한 경우가 많으며, 일반적으로 개인지능검사를 필요로 하는 고등학생의 경우는 지능이 상대적으로 낮을 가능성이 높기 때문에, 청소년 학업상담에서는 K-WISC-Ⅲ가 더 많이 사용된다.

K-WISC-Ⅲ는 언어성 검사 6가지와 동작성 검사 7가지로 모두 13개의 소검사로 구성되어 있다. K-WISC-Ⅲ의 각 소검사는 〈표 2〉에 간략히 나타내었다. 보충 검사인 숫자와 미로

〈표 2〉 K-WISC-Ⅲ 소검사에 대한 설명

소검사	설 명
상식(언어성)	일상적인 사건, 물건, 장소, 사람들에 대한 아동들의 지식을 알아보기 위한 것으로, 정해진 일련의 질문들을 구두(말)로 제시한다.
공통성(언어성)	구두로 제시된 쌍으로 짝을 지은 일련의 낱말에 대해 공통성을 설명한다.
산수(언어성)	일련의 산수문제를 암산으로 풀고 구두로 대답한다.
어휘(언어성)	검사자는 어휘를 구두로 제시하고, 아동은 그 어휘에 대해 구두로 정의를 내린다.
이해(언어성)	구두로 제시되는 질문으로 아동의 일상생활에서의 문제해결력과 사회적 규칙 및 개념에 대한 이해력을 측정한다.
숫자(언어성)*	검사자가 숫자를 말하면, 아동은 숫자를 순서대로 또는 역순으로 따라한다.
빠진곳찾기(동작성)	여러 색상으로 이루어진 물건이나 장면 그림에서 빠진 중요한 부분을 찾는다.
기호쓰기(동작성)	일련의 간단한 형태(기호쓰기 A형)나 숫자(기호쓰기 B형)가 단순한 기호(기호쓰기 B형)와 짝지어 있다. 아동은 형태(기호쓰기 A형)나 숫자에 대응하는 기호를 그려 넣는다. 기호쓰기 A형과 B형은 기록지에 포함되어 있다.
차례맞추기(동작성)	여러 색상의 그림들이 순서가 뒤섞인 채 제시되고, 아동은 논리적인 이야기 순서로 재배열한다.
토막짜기(동작성)	인쇄된 기하학적 형태나 검사자가 직접 제시하는 기하학적인 형태를 관찰하고 두 가지 색상의 토막을 사용하여 제시된 것과 똑같은 형태를 만든다.
모양맞추기(동작성)	일상적인 물건이 그려진 퍼즐로 구성되어 있으며 각 퍼즐은 표준화된 방식으로 제시된다. 아동은 그 퍼즐들을 모아서 의미 있는 하나의 전체 모양으로 만든다.
동형찾기(동작성)**	쌍으로 이루어진 도형들인데, 각 쌍은 표적부분과 반응부분으로 구성되어 있다. 아동은 두 부분을 훑어보고 표적모양이 반응부분에 있는지 여부를 지적하는 것이다. 본 소검사는 별도 반응지에 실려 있다.
미로(동작성)*	별도의 반응지로 구성된 미로는 점점 난이도가 높아지도록 구성되어 있다. 아동은 연필을 사용하여 문제를 푼다.

* 보충 소검사

** 기호쓰기만 대치할 수 있는 보충 소검사

소검사는 언어성 및 동작성 지능 점수를 계산하는 데는 사용되지 않지만, 시간이 허용되고 검사자가 아동의 능력에 대해 더 많은 정보를 알아보고자 할 때 실시할 수 있다. 표준적인 소검사 중 어떤 한 검사가 잘못 실시되었거나 실시될 수 없는 경우라면, 언어성 소검사에서는 숫자 검사로, 동작성 소검사에서는 미로 검사로 대체할 수 있다. 동작성 검사에서 동형검사는 특히 기호쓰기만을 대신할 수 있다.

'웩슬러 지능검사'의 해석에는 크게 두 가지 과정이 포함된다. 하나는 개인 간의 해석 또는 규준분석 과정이며, 또 하나는 개인 내적 분석으로 검사상에서 개인이 가졌다고 보는 총체적 능력 안에서의 장점과 약점에 대한 분석이다. 규준분석은 연령이나 학년이 같은 또래의 점수와 비교하는 것으로, 한 학생의 수행을 표준화 집단의 같은 연령대의 다른 학생의 수행에 비추어서 비교하고 평가하는 것이다. 규준분석은 단일하고 명확하게 규정된 수량적 의미를 가지므로 통계 분석에 적절하게 사용될 수 있으며, 한 학생의 수행을 상대적으로 평가하는 데 유용하다. '웩슬러 검사'에서는 규준분석으로서 편차지능지수(deviation IQ)를 사용하여 평균이 100, 표준편차가 15인 전체 지능지수, 언어성 지능지수, 동작성 지능지수 등 3개의 점수를 제공한다.

개인 내적 분석은 학생의 인지능력 내에서 강점과 약점이 어느 특정 영역인지를 알아내는 것과 관련하여 이루어진다. 즉, 언어성과 동작성 지능지수를 비교하고 소검사 점수 분산분석을 조사하여 소검사 간의 차이를 보는 것이다. 이렇게 하여 학생의 상대적인 강점과 약점에 대한 해석이 이루어진다. 이런 종류의 분석은 학업상담에서 유용한데, 개인이 특정한 교육 방법이나 지도 방침을 계획하는 데 중요하기 때문이다. 예를 들면, 청각적 기억력에 비해 시각적 기억력이 특히 뛰어난 학생의 경우는 교육자에게 설명을 듣기보다는 책자나 시청각 자료를 통한 학습이 기억에 보다 도움이 될 수 있음을 시사한다.

2) 카우프만 검사

카우프만은 Kaufman 아동용 지능 검사(K-ABC: Kaufman Assessment Battery for Children), Kaufman 청소년 · 성인용 지능 검사(KAIT)를 포함하여 여러 가지 지능검사 방법을 개발했다. 아동용 지능검사인 K-ABC(Cohen, Swerdlik & Smith, 1992; Kaufman & Kaufman, 1983)는 16개의 하위검사로 이루어졌고, 아동의 인지발달 수준에 근거하여 연령에 따라 7~13개의 하위검사를 실시한다. 이 검사는 2세 6개월~12세 5개월의 아동을 위해 고안되었으며 정신과정과 성취 하위점수의 세트를 포함한다. 우리나라에서는 1997년에 문수백과 변창진이 아동의 지능과 후천적으로 습득한 사실적 지식 수준을 측정하기 위해 Kaufman과 함께 K-ABC(Kaufman, 1983)를 한국판(K-ABC: Korean Kaufman Assessment Battery for Children)으로 표준화하였다. 이것은 Kaufman의 K-ABC와 마찬가지로 2세 6개월~12세 5개월의 아동을 대상으로 검사한다. K-ABC 하위검사의 구성을 살펴보면

〈표 3〉과 같다.

K-ABC는 다른 개인지능검사에 비해 다음과 같은 특징을 지닌다. 첫째, K-ABC는 인지처리과정이론에 근거하여 지능을 인지처리과정으로 보고 이를 문제 또는 과제의 해결이 순차처리적이냐 동시처리적이냐에 따라 분리하여 측정한다. 여기에 지능평가에서 언어능력이 배제된 비언어성 척도를 마련하여 언어장애 아동의 지능을 효과적으로 측정할 수 있다.

〈표 3〉 K-ABC 하위검사의 구성

인지처리과정 척도 하위검사					
하위검사명	척도 구분	대상 연령	하위검사명	척도 구분	대상 연령
1. 마법의 창	동시처리	2/6~4/11	6. 삼각형	동시처리/비언어성	4/0~12/5
2. 얼굴기억	동시처리/비언어성	2/6~4/11	7. 단어배열	순차처리	4/0~12/5
3. 손동작	순차처리/비언어성	2/6~12/5	8. 시각유추	동시처리/비언어성	5/0~12/5
4. 그림통합	동시처리	2/6~12/5	9. 위치기억	동시처리/비언어성	5/0~12/5
5. 수회생	순차처리	2/6~12/5	10. 사진순서	동시처리/비언어성	6/0~12/5
습득도 척도 하위검사					
하위검사명	척도 구분	대상 연령	하위검사명	척도 구분	대상 연령
11. 표현어휘	습득도	2/6~4/11	14. 수수께끼	습득도	3/0~12/5
12. 인물과 장소	습득도	2/6~12/5	15. 문자해독	습득도	5/0~12/5
13. 산수	습득도	3/0~12/5	16. 문장이해	습득도	7/0~12/5

또한 학교나 가정, 기타 후천적으로 습득한 지식을 지능척도와 분리하여 평가함으로써 아동의 문제해결력과 그러한 문제해결력을 사용해 얻어진 습득 능력을 비교할 수 있게 해 준다.

둘째, K-ABC는 처리과정 중심의 결과로 검사결과에 근거한 교육적 처치가 가능하다. 기존의 내용 중심 검사와 달리 처리과정 중심의 검사로서 검사의 결과에 근거하여 왜 그러한 정도의 수행을 하였는지에 대해 설명할 수 있기 때문에 검사결과에 따른 교육적 의사결정 및 처치를 마련할 수 있다.

〈표 4〉 K-ABC 4가지 척도 구성

동시처리 척도	부분적으로 주어진 과제를 통합하는 능력
순차처리 척도	과제의 순서적, 계열적 처리 능력
인지처리과정 척도	문제해결 및 정보처리 과정
습득도 척도	후천적으로 습득한 사실적 지식 수준

셋째, 인지발달이론에 근거하여 연령별로 실시하는 하위검사를 차별화하였다. 16개 하위검사 중 인지발달이론에 근거하여 대상자의 연령 및 인지발달 수준에 따라 7~13개를 실시하게 되어 있다.

넷째, 좌뇌와 우뇌의 기능을 고루 측정할 수 있는 하위검사들로 구성되어 있다. 전통적 지능검사들은 주로 좌뇌의 기능을 측정하는 좌뇌지향 검사들이어서 우뇌가 발달한 아동이나 우뇌지향적 문화권에서 양육된 아동들에게 불리한 검사결과가 나온다. 이 점을 감안하여 좌뇌와 우뇌 기능을 골고루 측정할 수 있는 하위검사로 구성하였다.

다섯째, 검사의 실시와 채점 과정을 최대한 객관화시켰다. 실시와 채점의 객관도를 유지할 수 있도록 지시문의 엄격한 제한과 아동의 정답 및 오답 유형을 다양하게 수록하여 어느 누가 검사를 실시하더라도 동일한 결과를 얻을 수 있도록 채점자 간 신뢰도를 높이고, 실시와 채점 시간을 최소화시켰다. 여기에 결과 처리 프로그램을 활용할 경우 검사의 실시와 채점 및 해석 과정에 편리성을 더할 수 있다.

3. 지능검사의 활용

지능검사 해석의 두 가지 주요한 해석 과정인 규준분석 과정과 개인 내적 분석이 모두 학업상담에서 활용된다. 먼저 개인 간 차이에 대한 해석 과정인 규준분석 과정에서는 내담자의 지능지수를 바탕으로 학업성취 수준을 예측할 수 있다. 앞서 살펴본 개인지능검사와 같은 표준화 검사는 '규준 참조' 검사다. 규준은 원점수의 상대적 위치를 설명하기 위하여 쓰이는 일종의 '자'인데 규준집단으로부터 얻어진다. 개인의 원점수는 규준집단에서 개인의 상대적 위치를 보여 주는 교정점수로 변환되며, 이것은 검사도구가 측정하는 특성에서 보인 개인 수행의 상대적 측정치를 제공한다. 개인지능검사의 경우, 학생의 수행 수준을 채점한 원점수를 연령별 규준에 비추어 표준점수로 산출한다. 웩슬러 검사의 경우 평균이 100, 표준편차가 15인 표준점수로 지능지수를 나타내는데, 웩슬러 검사에서 지능지수 115는 평균에서 1 표준편차 떨어진 위치를 의미하고, 백분위 84.1점에 해당한다. 즉, 같은 연령대 학생들 중 약 84%가 이 학생의 지능보다 낮다는 것을 의미하고, 상위 약 16%에 해당한다고 할 수 있다. 지능지수 115의 학생은 학업성취 수준에서 상위 16% 정도일 것이라고 예측할 수 있는데, 40명 학급이라면 학급 석차 6~7등에 해당한다. 상담자는 지능지수를 통해 현재 내담자의 학업성취 수준이 자신의 지능 수준에 비추어 볼 때 더 낮은 수준인지 더 높은 수준인지 또는 적절한 수준인지를 판단할 수 있을 것이다. 지능지수라는 점수 역시 참값이 아닌 근사값으로서 오차를 갖는 점수인데, 웩슬러 지능검사의 경우 전체 지능지수는 신뢰 구간 95%에서 3점 정도의 오차를 갖는다. 즉, 지능지수 115라면, 112~118의 지능이라고 볼 수 있으므로 학업성취의 예측 범위도 이에 따라 확대되어야 한다. 뿐만 아니라 지능지수가 학업성취도를 100% 예측하는 것은 아니라는 점도 고려해야 한다.

상담의 실제에서는 학업성취의 수준이 자신의 지능 수준에 미치지 못하는 학습부진의 경우가 가장 흔하다고 할 수 있는데, 이 경우 지능지수는 내담자가 도달하고자 하는 적정 학업성취의 목표를 결정하는 중요한 근거가 된다. 그러나 학교 성적이 낮아서 고민이라고 호소하는 내담자들 가운데는 현재의

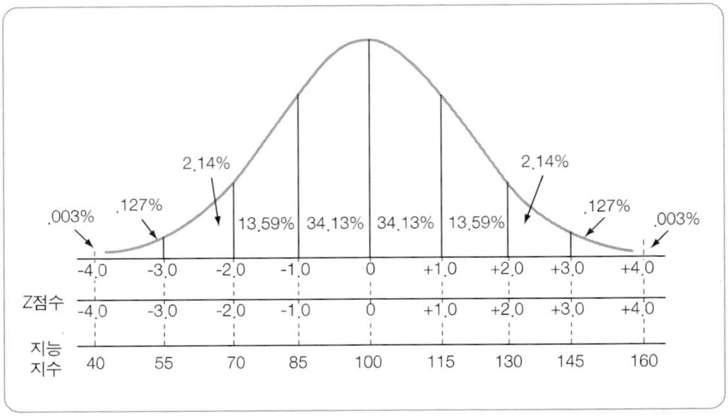

[그림 2] 정상분포에서의 지능지수의 의미

학업성취 수준이 자신의 지능 수준으로 볼 때 적정한 수준이거나 과성취인 경우도 있다. 이 경우는 학업성취도의 향상이 아닌, 현재 학업성취 수준의 수용이 더 중요한 상담목표가 될 것이다.

지능검사를 통해 얻을 수 있는 또 다른 중요한 정보는 지능의 개인 내 편차다. 개인 내 차이에 대한 분석을 통해 한 개인의 능력 내에서 강점과 약점이 어느 특정 영역인지를 파악할 수 있고, 이에 따른 학습환경 및 학습전략을 구상할 수 있다. 개인의 지적 능력은 대부분의 경우 영역 간 차이가 많이 나지 않지만, 상담실을 찾는 내담자들 가운데는 지능의 영역 간 편차로 어려움을 겪는 경우가 적지 않다. 다음은 상담과 심리검사(김계현 외, 2003)에서 소개하는 '웩슬러 검사'를 활용한 개인

내 편차 해석에 대한 내용이다.

1) 동작성 지능과 언어성 지능 간의 차이 해석

사실상 동작성 지능(PIQ: Performance IQ)과 언어성 지능(VIQ: Verbal IQ)은 서로 다른 능력을 측정하기 때문에 비교 해석에는 무리가 있다. 그러나 Wechsler의 이론에 따르면, 일반적으로 동작성 지능과 언어성 지능 간의 점수 차이는 문화적 · 교육적 차이에 따른 것으로 알려져 있다. 동작성 지능은 언어성 지능에 비해 감각운동적 요소, 정서적 요소를 잘 반영하여 두 지능 지수의 차이를 살펴봄으로써 여러 가지 지적 · 정의적 특성에 관한 진단에 도움을 얻을 수 있다.

일반적으로 동작성 지능과 언어성 지능의 차이가 13점 이상일 경우에 설명할 가치가 있다고 본다. 동작성 지능과 언어성 지능의 차이는 뇌손상과 관련될 수 있는데, 25점을 초과하는 경우 신경학적 역기능을 시사한다. 물론 이 경우도 다른 보조 자료나 관찰 없이 언어성-동작성 불일치를 신경학적 기능장애라고 결론지을 수는 없다. 동작성 지능과 언어성 지능 점수 간에 차이가 나는 이유는 다음과 같이 다양하다.

첫째, 언어적 능력과 비언어적 능력의 차이이다. 뇌기능적으로 볼 때 일반적으로 좌반구는 언어적 자극을 처리하고, 우반구는 시공간적 자극을 처리한다. 따라서 언어성 지능이 높으면 좌반구가 발달됨을 시사하고, 동작성 지능이 높으면 우반구가 기능적으로 발달됨을 시사한다.

둘째, 유동적 능력과 결정적 능력의 차이다. Cattell-Horne의 이론에 따르면, 지능은 유동적 능력과 결정적 능력으로 구분되는데, 유동적 능력은 익숙하지 않은 자극에 직면할 때 즉각적인 적응력과 융통성을 활용하여 문제를 해결하는 능력을 말하며, 결정적 능력은 이전의 훈련, 교육, 문화적인 자극에 따라 계발된 지능을 말한다. 일반적으로 언어성 검사는 결정적 능력을 측정하고, 동작성 검사는 유동적 능력을 측정하는 것으로 알려져 있다. 따라서 좋은 환경에서 자랐거나 부모가 학업성취도를 강조하는 경우는 언어성 지능이 높고, 학습장애나 읽기장애를 갖고 있거나 문화실조의 경우 또는 적응적이고 융통성 있는 문제해결력을 가진 경우는 동작성 지능이 높을 수 있다.

셋째, 심리언어적 결함 및 운동통합능력 문제다. 언어의 표현이나 수용 자체에 문제가 있는 경우는 동작성 지능과 언어성 지능의 차이와 전체 지능지수에 의미를 부여해서는 안 된다. 이는 지능검사가 청각적-음성적, 시각적-운동적인 의사소통적 채널을 통해 측정되기 때문이다. 이와 마찬가지로 운동통합력을 요구하는 동작성 소검사는 운동통합력에 문제가 있는 아동의 경우 동작성 지능을 낮게 평가할 수 있기 때문에 동작성 지능과 언어성 지능 간의 차이를 오해해서는 안 된다.

넷째, 시간적 압박의 차이다. 시간을 측정하는 데 부담을 느끼는 경우, 제한 시간을 두거나 빠른 시간 내에 반응할수록 보너스 점수를 주는 동작성 검사에서의 수행이 낮게 평가될 수 있다. 따라서 언어성 지능이 동작성 지능보다 높은 경향을 보일 수 있다. 일반적으로 과도하게 시간압박을 받는 아동은 성격적으로 미숙하거나 불안감을 크게 느끼고 산만하거나 지나치게 숙고적이면서 강박적이라고 해석할 수 있는데, 이는 검사자가 아동의 태도를 면밀히 관찰함으로써 파악할 수 있다.

다섯째, 장의존적 특성과 장독립적 특성의 차이다. 장독립적인 사람은 문제해결 상황에서 주로 내적인 단서에 의존하여 불필요한 자극들을 무시하거나 부족한 구조를 부과시키는 등 분석적이고 추상적인 사고에 능하다. 반면, 장의존적인 사람은 환경적인 단서에 영향을 많이 받아 그에 동조하는 자극들을 자발적으로 구조화시키지 못하여 있는 그대로 받아들이는 경향이 높다. 이러한 인지적인 유형 때문에 장독립적인 아동은 분석적인 사고양식을 요하는 빠진곳찾기, 모양맞추기, 토막짜기 등에 탁월한 능력을 보임으로써 동작성 지능이 높게 나타날 가능성이 높다.

2) 각 소검사별 해석

소검사 점수는 다른 아동에 비해 능력이 어느 정도인지를 판단하며, 같은 연령대의 다른 아동에 비해 상대적으로 가진 강점과 약점을 평가하기 위해 사용된다. 뿐만 아니라 아동이 주어진 교육환경에서 어려움을 겪고 있는지의 여부 등 교육이나 상담에 단서를 제공해 준다.

K-WISC-Ⅲ의 소검사들은 저마다 고유한 능력을 가지고

있을 뿐만 아니라 몇 개의 소검사들끼리 묶어서 공유하는 능력을 지니고 있다. 예컨대 '상식' '어휘' '이해' '공통성' 검사에서 다른 소검사들보다 높은 점수를 얻었다면, 이 아동은 소검사들의 공유능력인 '언어적 이해력'이나 '결정적 지능'이 높다고 가정할 수 있다. 이러한 검사 해석을 하려면 우선 소검사 각각의 측정 내용을 알고 있어야 한다. 즉, 검사자는 각 소검사 점수 결과로 나온 수치에 각 소검사가 측정하려는 구성 영역을 근거로 의미를 부여해야 한다. 각 소검사별 해석은 앞서 언급한 언어성-동작성 점수 차이처럼, 통계적으로 유의미한 차이와 임상적인 분포에 따른 차이로 설명될 수 있다. 그리고 각 소검사들의 공유능력에 관해 상담자들이 쉽게 분석할 수 있도록 〈표 5〉에 나타내었다. 공유능력 분석에 관한 더 자세한 내용은 K-WISC-Ⅲ 해석과 관련된 자료를 참고하기 바란다.

〈표 5〉 2개 이상의 소검사에서 공유되는 능력

내포된 능력/요인	상식	공통	산수	어휘	이해	숫자	빠진	차례	토막	모양	기호	미로
주의력(attention)			산수			숫자					기호	
청각적 기억력			산수			숫자						
시각적 기억력							빠진				기호	
집중력(concentration)			산수			숫자	빠진					미로
산만(distractibility)하지 않음			산수			숫자					기호	
비언어적 추리력		공통					빠진	차례	토막	모양		미로
숫자에 대한 능력			산수			숫자					기호	
지각적 조직화							빠진	차례	토막	모양		미로

지각적 계획력								차례				미로
지각적 종합력								차례	토막	모양		
모형의 재생력									토막		기호	
지각력(시각/추상 자극)									토막		기호	미로
지각력(시각/의미 자극)							빠진	차례		모양		
정신운동(psychomotor) 속도									토막	모양	기호	
순차성(Sequencing)						숫자		차례			기호	
단기 기억력			산수			숫자					기호	
장기 기억력	상식		산수	어휘			빠진					
시각-운동 협응									토막	모양	기호	미로
사회적 판단력					이해			차례				
공간지각력							빠진		토막	모양		
언어 이해력	상식	공통		어휘	이해							
언어 표현력(짧은)	상식		산수			숫자						
언어 표현력(긴)		공통		어휘	이해							
언어 이해력(짧은)		공통		어휘		숫자						
언어 이해력(긴)	상식		산수		이해							
언어 개념 형성력		공통		어휘								
언어 추리력		공통	산수		이해							
시간적 압박 속에서의 작업			산수				빠진	차례	토막	모양	기호	미로
가정에서의 문화적 기회	상식			어휘	이해			차례				

지능검사 사용의 유의점

이성진(1996)은 지능을 측정하는 검사를 사용할 때 유의해야 할 점을 다음과 같이 지적하였다.

첫째, IQ를 개인의 지적 기능의 한 가지 지표로 생각해야 한다. 예를 들어, 영수라는 학생이 수리력 하위검사에서 ○○점을 땄다면 그가 그 정도의 수리력을 가졌다는 것일 뿐, 그가 그러한 수준을 갖추게 된 이유는 알 수 없다. 평소에 그가 수에 대한 관심이 높거나, 숫자를 다루는 경험을 많이 했거나, 타고난 재질이 있거나, 또는 단순히 운이 좋아서일 수도 있다. 학생이 수리력 검사에서 높은 점수를 땄다면 격려해 주고, 낮은 점수를 땄다면 특별 지도를 해 주면 된다.

둘째, 과잉 해석을 피한다. IQ가 125라면 높은 점수이지만, 이 학생이 모든 교과목이나 학교 활동에서 우수하리라는 기대는 할 수 없다. IQ 점수는 유용하지만, 완벽하지 않다는 것을 명심해야 한다.

셋째, 지능검사의 하위 요인의 변산에 특별히 유의한다. 하위검사는 항상 오차가 크고, 신뢰도와 타당도가 낮아서 해석에 상당히 조심해야 한다.

넷째, IQ 점수를 점수대(띠)로 생각해야 한다. IQ 점수는 고정된 것이 아니고 또한 정밀하지도 않기 때문에, IQ 점수는 하나의 '띠' 또는 '점수 범위'로 생각할 필요가 있다. 영수의 IQ를 115라고 하기보다는 111~119 정도라고 하고 창수의 IQ를 113이라고 하기보다는 109~117이라고 한다면, 결국 영수와 창수는 같은 수준의 IQ를 가졌다고 말할 수 있다. 영수의 IQ는 115, 창수의 IQ는 113이라고 고정시킨다면, 영수는 창수보다 2점만큼 머리가 좋다는 과잉 해석이 나온다.

다섯째, 합리적이되 융통성을 가진다. 한 시간 남짓 걸리는 지능검사가 학생에 관한 모든 것을 알려 주리라는 생각은 비현실적이며 경직된 사고방식이다. 지능검사와 같은 심리검사에서 완벽한 신뢰성과 타당성은 기대하기 어렵다. 지능검사는 무수한 이유로 부정확할 수 있다는 '건전한 회의'를 가져야 한다.

여섯째, IQ를 다른 예측 요소와 함께 사용한다. IQ 점수가 성적의 유일한 예측자일 것이라는 기대는 절대로 해서는 안 된다. 과거의 성적, 정서적 성숙 정도, 흥미, 건강 등 학생에 관한 다양한 정보를 함께 사용했을 때 사실에 가장 가까운 예측을 할 수 있다.

일곱째, IQ 점수를 근거로 아동을 저능아 또는 천재라고 단정을 짓는 것은 지능지수 측정의 오차가 크다는 사실로 미루어 대단히 위험하므로 절대로 피해야 한다.

출처: 이성진(1996). 교육심리학 서설(개정판), pp. 55-57.

4. 선수학습과 학업성취

초등학생의 학업성취 결정요인에 대한 최근 연구(김미란, 2005)에서 선수학습은 가장 강력한 예언변인으로 확인된 중요한 변인이다. 학업성취에서 선수학습의 중요성은 이미 Bloom

(1976)이 주장하였다. Bloom에 따르면, 선수학습은 학습자와 학습과제의 습득을 이어 주는 연결체이고, 학습과제를 잘 학습하는 데 필요한 지적 출발점으로 학업성취의 주요한 변인이다. 선수학습은 모든 교과목 학습의 기본이 되는 학업기초능력과 교과목별 선행학습의 정도로 크게 나눌 수 있다. 학업기초능력이란 읽기, 쓰기, 말하기, 셈하기 등 학업을 수행하기 위해 가장 기본적으로 갖추어야 할 기초적인 능력으로 교과목에 관계없이 학업성취 전반에 영향을 미치는 요인이다. 읽기, 쓰기, 말하기, 셈하기라는 기본적인 능력을 누구나 가지고 있을 것이라고 가정하기 쉽지만, 2002년 처음 실시된 초등학교 3학년 수준의 기초학력 평가에서 고등학교 1학년의 0.5% 이상이 초등학교 3학년 수준의 읽기, 쓰기, 셈하기를 하지 못하는 것으로 나타났다. 즉, 상담자는 내담자의 학업기초능력부터 확인해야 할 것이다. 학업기초능력의 부족 여부는 학업과정에 대한 면담을 통해 파악할 수 있지만, 보다 객관적으로 파악하려면 표준화된 학업성취도검사를 활용하는 것이 바람직하다. 예를 들면, 초등학생들의 학업기초능력을 측정할 수 있는 '기초학습기능검사'나 교육과정평가원에서 제공하는 '기초학력진단검사'를 비롯한 각 학교급별 학업성취도 평가지를 활용할 수 있다.

초 · 중 · 고등학교 학습부진아 심각

초등학교 4학년부터 고등학교 1학년까지의 학생 중에 초등학교 3학년 수준의 읽기, 쓰기, 셈하기를 못하는 '기초학습부진학생'이 약 5만 명으로 100명당 1명에 달하는 것으로 나타났다. 또한 학년별 교과수준에 도달하지 못하는 '교과학습부진학생'은 학생 10명 중 1명으로 학습부진학생에 대한 구제책 마련이 시급한 것으로 지적되었다.

교육인적자원부가 18일 국회교육위 소속 한나라당 이규택, 박창달, 권철현 의원에게 제출한 국정감사 자료에 따르면, 올해 4월 현재 초등학교 4학년부터 고등학교 1학년 학생 446만 6,026명을 대상으로 실시한 기초학습부진아 판별검사 결과, 읽기 · 쓰기는 1.0%인 4만 5,513명, 셈하기도 1.0%인 4만 2,452명이 초등학교 3학년 수준의 기초학습능력에 도달하지 못한 것으로 나타났다. 읽기 · 쓰기 부진아는 셈하기 부진아에도 중복 포함되는 경우가 대부분이어서 읽기, 쓰기, 셈하기 중 어느 하나라도 부진한 경우는 약 5만 명에 이르는 것으로 추산된다.

학년별로는 읽기 · 쓰기의 경우 초등학생은 4학년의 2.2%, 5학년의 1.2%, 6학년의 0.7%가 부진아로 4~6학년 평균 1.4%가 부진아였고, 중학교 1~3학년생은 0.8%, 고등학교 1학년생은 0.5%가 부진아였다. 셈하기의 경우 초등학생은 4학년의 1.7%, 5학년의 0.9%, 6학년의 0.7%가 부진아로 평균 1.1%가 부진아였고, 중학교 1~3학년생은 0.9%, 고등학교 1학년생은 0.7%가 부진아였다. 특히, 고등학교 1학년생의 경우 읽기 · 쓰기에서 3천 127명(0.5%), 셈하기에서 4천 74명(0.7%)이 초등학교 3학년 수준이 못되는 학습부진아로 심각한 것으로 드러났다.

시도별로는 중 · 고등학생의 경우 서울(읽기 · 쓰기 3,399명, 셈하기 2,722명)과 경기(읽기 · 쓰기 2,734명, 셈하기 3,360명) 등으로 학생 수가 많은 지역이 부진아도 많았다. 국가 단위로 부진아 기준을 일괄 적용한 올해와는 달리 시도교육청별로 부진아 판별 기준이 달랐던 2001년의 경우 고등학생 읽기 · 쓰기 부진아가 1만 1,099명, 셈하기 부진아가 1만 7,542명에 달했다. 한편, 학년별 교과교육과정에 제시된 최소 수준에 도달하지 못한 '교과학습부진아'는 국어의 경우 9.4%, 수학은 8.0%로 10명 중 1명이었다. 초등학교 5, 6학년의 경우 국어교과 부진아는 2.6%, 수학교과 부진아는 5.4%였고, 중학교 1, 2, 3학년은 국어교과 부진아가 3.8%, 수학교과 부진아가 8.4%였다. 그러나 고등학교 1학년의 경우 국어교과 부진아가 12.5%, 수학교과 부진아가 12.9%,영어교과 부진아가 9.2%로 학년이 올라갈수록 교과목 진도를 못 따라가는 학생이 느는 추세였다.

연합뉴스(조채희 기자), 2002. 9. 23.

다음으로 교과목별 선행학습의 정도도 학생들의 학업성취를 결정하는 중요한 요인이다. 선행학습의 결손이 누적될 경우 성적이 점차 하락하는 추세를 보이거나 학습을 어려워하고 싫어하는 정도가 점점 더 심해진다. 특히, 우리나라는 나선형 교육과정을 따르고 있기 때문에 어느 과목이든 어느 한 단계에서 실패한다면 그 이후부터 계속 실패할 가능성이 크다. 예를 들면, 수학에서 처음 '집합'을 배우는 시기에 이를 잘 습득하지 못하면, 학년이 올라가면서 집합을 배울 때마다 어려움을 겪게 된다. 그리고 과목별 유급이 없는 교육제도이므로 이러한 결손을 발견하거나 보완하기 어려운 실정이다. 또한 사교육의 경우 이전 학습에서의 결손보다는 앞으로 학습할 내용을 미리 학습시키는 체제로 운영되기 때문에 어느 한 시기의 학습결손에 따른 학습부진은 만회하기가 어렵고 계속 반복되기만 한다. 나아가 어느 한 영역 또는 어느 한 교과목에서 학습결손이 발생하면 점차 다른 영역이나 교과목의 학업성취에도 영향을 미쳐서 결국 전반적인 성적 저하로 나타나게 된다. 따라서 내담자의 학업문제를 조력하기 위해서는 선행학습의 결손 여부를 확인해야 하고, 각 과목의 성적이 언제부터 어떻게 하락했는지 그 과정을 면밀히 검토해야 한다.

3 학습동기

학습자의 특성 가운데 '왜 공부를 하는가?'를 설명하는 동기 요인은 상담자가 가장 관심을 갖는 특성이다. 학습동기는 학업성취도를 예언하는 변인 가운데 지능 다음으로 중요한 변인이라는 주장도 있고, 지능보다도 예언력이 더 큰 가장 중요한 변인이라는 주장도 있다. 어느 쪽이든 동기는 학업에서 매우 중요한 변인이므로 상담자가 잘 알고 있어야 한다. 동기에 대한 고전적인 정의를 보면, "어떤 목표를 지향하는 행동을 일으키고, 방향을 잡아 주며, 유지하는 힘의 총합"(Lindsley, 1957)으로 행동의 유발, 행동방향 제시, 행동의 유지라는 세 가지 요소를 포함한다. 즉, 학업 영역에서의 동기를 의미하는 학습동기는 학생들로 하여금 공부를 시작하게 하고, 어떤 방향으로 나아가게 하며, 공부를 계속하도록 만드는 마음의 힘이다. 학습동기는 동기이론의 발전과 함께 교육심리학 분야에서 특히 꾸준히 연구된 분야다. 따라서 동기이론의 발달과정에 대한 이해는 학습동기를 이해하는 기초가 되므로 교육심리학 교재를 통해 학습하기 바란다. 동기이론은 일반적으로 정신분석적 이론, 행동주의적 이론, 인지주의적 이론, 인본주의적 이론으로 크게 나뉘는데, 정신분석적 이론은 본능에 초점을 둔 동기이론으로 학습동기에는 큰 시사점을 주지 못한다고 본다(이성진, 1996). 여기서는 동기이론의 개념 가운데 학습동기에서 중요하게 다루는 행동주의 이론의 강화, 인지주의 이론의 자기효능감과 귀인, 인본주의 이론의 자기결정성과 자아실현 경향성에 대해 알아볼 것이다.

1. 강 화

강화는 행동주의에서 동기를 설명하는 핵심 개념이다. Skinner로 대표되는 행동주의 심리학자들은 동물의 행동이 강화에 따라 촉진되고 방향이 결정되며 유지된다고 보고 동기화를 실험적으로 증명하였다. 강화란 유기체의 반응경향성을 높여 주는 것으로, 일차적인 욕구를 충족시키는 기초강화와 기초강화와 연합되면서 일차적 욕구를 채울 것을 보장해 주는 이차적 강화 또는 조건강화가 있다. 행동주의 심리학자들은 이러한 원리를 인간의 행동에도 그대로 적용될 수 있음을 보여 주었고, 학생들이 학업에서 보이는 여러 가지 행동의 동기화에도 적용하였다. 예를 들면, 학습에 대한 지구력 부족이 아동의 주의력 부족이나 좌절감에 기인하는 것이 아니라, 학습

행동을 유지하는 유인이 적절하지 못하다는 데 원인이 있다고 보는 것이다(이성진, 1996).

학업상담 전문가는 두 가지 측면에서 강화의 원리를 실제 상담에 적용할 수 있다. 첫째, 아동이나 청소년의 학습에 대한 동기 저하의 원인을 그 아동이나 청소년을 둘러싼 환경의 강화 체제에서 찾아 볼 수 있을 것이다. 둘째, 학업에 대한 동기를 증진시키고자 강화의 원리를 적극 활용할 수도 있다.

먼저, 내담자의 학습 관련 행동이 어떤 강화 체제 속에 있어서 동기화되지 못하는가를 파악하려면 행동의 A-B-C를 분석해야 한다. 모든 행동(Behavior)은 선행자극(Antecedent)으로 유발되고, 후속자극(Consequence)의 영향을 받는다. 즉, 선행자극(A)에 따라 어떤 행동(B)이 유발되고, 그 행동이 후속자극(C)에 따라 강화를 받을 경우는 행동이 증가하며, 강화를 받지 않을 경우는 행동이 줄어든다. 이것을 '행동의 연결고리'(A-B-C 모형)라고 한다. 어떤 행동을 잘 이해하기 위해서는 그 행동의 선행자극(A) → 행동(B) → 후속자극(C)의 연결고리를 정확하게 인식해야 한다. 다음의 예시를 통해 행동의 연결고리를 알아보자.

민우는 새 학기를 맞아 공부를 열심히 하려고 마음을 먹었다. 특히, 영어 성적을 올려야 한다는 다짐을 하고 예습을 열심히 하면서 잘 모르는 단어가 나오면 전자사전에서 뜻을 찾아 적고 소리내어 읽어 보기도 하였다. 드디어 기다리던 영어 시간, 오늘 배울 내용을 읽어 보고 싶다고 손을 들었는데 한번도 지명받지 못했다. 게다가 다른 친구가 책을 읽는 동안 교실을 돌고 있던 영어 선생님은 민우의 영어책을 보고, "이민우, 네가 공부에는 통 관심이 없는 말썽꾸러기라는 건 알지만, 이렇게 책에 낙서까지 하는 건 너무 심한 거 아니야?"라며 나무랐다. 민우는 낙서가 아니라 단어의 뜻을 찾아서 적은 것이라고 말하고 싶었지만 아무 말 없이 영어책을 덮어 버렸다.

민우의 사례를 분석해 보면, 어떤 행동(B: 영어 단어를 찾아 적음)은 선행자극(A: 모르는 영어 단어가 나옴)으로 유발되고, 후속자극(C: 교사의 꾸중)의 영향을 받는다. 후속자극(C)에 따라 강화를 받을 경우는 행동이 증가하며, 강화를 받지 않을 경우 행동이 줄어든다. 민우는 교사의 꾸중이라는 혐오스러운 후속강화 때문에 영어 단어를 찾아 적는 행동을 앞으로 하지 않을 것이다.

다음으로 학업에 대한 동기를 증진시키기 위해 강화의 원리를 적극 활용하는 경우를 보자. 사람들은 무심코 서로에게 어떤 행동을 강화하여 그 행동을 더 하게 하기도 하며, 덜 하게 하기도 하여 결국 그 어떤 행동이 소거되는 결과를 가져오게도 한다. 학업상담에서는 이러한 자연환경의 강화 체제를 변화시켜 내담자의 학업 관련 행동을 증가시킬 수 있는데, 상담자는 먼저 내담자의 어떤 학업 관련 행동을 증가시키고 어떤 학업 방해 행동을 감소시킬 것인지를 결정해야 한다. 이를 위해서는 내담자의 학업문제를 행동의 문제로 구체화하고, 현재 그 행동의 수준을 객관적으로 파악하기 위한 관찰과 기록 과정을 거쳐야 한다. 구체적 행동에 대한 관찰과 기록은 첫째, 내담자의 행동에 대한 새로운 태도를 갖게 해 주며, 둘째, 내담자의 행동에 대한 객관적인 평가 자체에 대한 변화의 계기가 되기도 한다.

관찰과 기록의 효과

1. 새로운 태도를 갖게 해 준다.

상담실에 찾아온 한 아버지는 당시 자신의 사업이 한창 번성 중이며 가정에서도 아들에 대한 걱정 말고는 별다른 불편이나 고민이 없었다. 아버지가 상담실을 찾아온 이유는 중학교 2학년인 맏아들이 나쁜 친구들과 어울려 돈을 훔치고 가출하거나 패싸움을 하고 학교에도 무단결석이 잦다는 문제였다. 아버지에게 아들은 구제불능의 문제아로 보였다.

상담실에서는 아들의 행동을 A-B-C로 분석하고 그의 행동을 보다 정확하게 파악하기 위한 행동 관찰 방법을 아버지에게 가르쳐 주고, 다음 열흘 동안 아들의 행동을 관찰하여 가지고 오게 하였다. 그런데 그 열흘 중 아버지가 부산으로 5일간 출장을 갈 일이 생겼다. 고민하던 아버지는 어차피 학교에 가지 않을 것 같아 부산에 아들과 함께 가기로 했다.

열흘 후 상담 날짜에 찾아온 아버지의 표정은 상당히 밝아 보였다. 열흘간의 행동 관찰, 특히 출장 동안의 집중적인 관찰을 통해 아버지는 자신이 생각했던 만큼 아들의 나쁜 행동의 지속 시간이나 횟수가 그다지 많지 않고, 생각지 못했던 좋은 점을 많이 발견하게 되었다. 아버지는 아들에 대한 이제까지의 비판적이며 위협적인 태도를 바꾸게 되었고 아들과의 대화의 문을 트게 되었던 것이다.

2. 행동 문제에 대해 객관적으로 평가할 수 있게 해 준다.

영수 어머니는 영수가 자기 방에 앉아서 공부를 하는 동안 너무 자주 방을 들락거려서 고민이었다. 어머니는 영수를 여러 번 야단쳐 보기도 했지만 소용이 없었다. 그럴 때마다 영수는 "제가 뭘 그렇게 자주 들락거린다고 그러세요?"라고 대들곤 했다.

상담을 한 후, 영수 어머니는 공부하기로 되어 있는 매일 저녁 두 시간 동안 영수가 몇 번이나 자리를 뜨는지를 일주일간 기록하기로 하였다. 기록을 해 보니 영수는 평균 두 시간 동안 7~8번 정도 자리를 뜨는 것으로 나타났다. 결과를 영수에게 보여 주자 영수는 깜짝 놀라며 "정말 제가 이렇게 자주 공부방에서 나왔어요?"라고 말했다.

그 후 영수가 공부 시간에 자리를 뜨고 바깥에 나와서 딴짓을 하는 횟수가 현저히 줄었다.

강화 계획을 통해 내담자의 학업행동을 증가시키기 위해 상담자가 유념해야 할 가장 중요한 사항은 작은 목표를 세우고 점진적으로 접근하는 것이다. 한 예로, 소연이는 공부를 전혀 하지 않아 성적이 떨어졌고, 이를 걱정한 소연이 어머니는 소연이를 데리고 상담실을 찾았다. 소연이 어머니는 소연이가 집에서 공부를 하도록 지도하고 싶다고 했고, 소연이의 생각도 그러했다. 다음은 소연이의 어머니를 통해 점진적 강화 계획을 적용해 본 과정이다.

학교생활에 대하여 소연이와 어머니에게 이야기하는 것부터 시작할 수 있다. 다시 말하면, 소연이에게 매일 학교에서 일어났던 일을 묻고 소연이가 학교생활에 대해 이야기하는 것을 강화한다. 매일 저녁식사 시간에 약 10분씩 정해 놓고 소연이에게 학교 일을 묻고, 소연이가 학교생활에 대하여 이야기하면 열심히 듣는다. 소연이의 이야기를 열심히 듣는 것이 바로 '강화'다.

⇩

이렇게 일주일 정도 한 다음 공부를 시작하도록 한다. 첫날은 20분 정도만 공부하게 한다. 이때의 20분이 바로 소연이가 집에서 스스로 공부하는 행동의 최초의 단계다. 소연이가 20분 동안 앉아 공부를 하는 것을 지루해 한다면 소연이에게 20분은 긴 시간이다. 아마도 소연이에게 맞는 최초의 단계는 10분이 될 수도 있다. 각 단계의 정도는 내담자에 따라 다르다.

⇩

소연이가 20분 동안 앉아서 공부하는 것에 익숙해지면, 20분간 앉아서 공부하는 것을 목표행동으로 삼는다. 다음에는 30분 동안 스스로 공부하고 나면 강화를 한다. 30분에 익숙해지면 45분 동안 앉아서 계속 공부하게 한다. 이렇게 소연이의 공부 시간을 조금씩 늘려야 공부하는 행동을 습득할 수 있다.

⇩

소연이가 45분 동안 매일 책상에 앉아 공부할 수 있게 된 다음부터는 공부하는 행동을 칭찬하여 강화하는 것뿐만 아니라, 공부하는 내용에 관심을 보임으로써 강화할 수 있다. 소연이가 공부한 내용에 대해 묻고 이야기하는 것이 '강화'가 된다.

⇩

이렇게 실천하는 과정 중에 주 1~2회 상담자를 만나면서, 소연이와 소연이 어머니의 강화 계획 진행 과정을 점검한다. 두 사람 모두 열심히 해 나가고 있는 것을 격려하고(강화), 실천 과정에서의 어려움을 나눈다. 목표가 너무 높거나 진행이 너무 빠른 것은 아닌지 점검하면서, 자연환경에서 공부하는 행동이 지속될 수 있도록 서서히 강화를 줄여 나간다.

강화를 통해 학업행동을 증가시키려고 하면, '어떻게 항상 부모나 교사가 내담자를 의도적으로 칭찬할 것인가?' '행동의 대가를 지불하는 것이 과연 교육적으로 좋은 영향을 미칠까?' 등의 의문을 갖게 된다. 항상 내담자를 따라다니며 강화를 할 수도 없고, 대가를 지불하는 것이 반드시 바람직하다고 볼 수도 없다. 그렇다면 의도적인 강화를 통해 가르친 행동을 계속 유지시키려면 어떻게 해야 할 것인가? 우선 간헐강화를 시도할 수 있다. 그 다음 단계로 아동의 바람직한 행동이 일상생활에서 자연스럽게 강화받을 수 있도록 환경을 조성한다. 예를 들면, 학습부진아의 공부하는 행동을 의도적으로 강화하여 좋은 학습습관이 형성되었다고 가정하자. 이 아동은 성적이 점차 올라갈 것이고, 이에 따라 교사나 부모로부터 칭찬을 들을 기회도 점차 많아질 것이다. 이러한 칭찬은 아동의 공부에 대한 동기를 더 높여 줄 것이고, 따라서 성적도 더욱 향상될 것이 예상된다. 즉, 지금까지는 공부를 못한다고 야단만 맞았으나 이제부터는 공부하는 행동에 대하여 칭찬받는 환경으로 변화된 것이다.

이와 같이 내담자의 바람직한 행동이 생활환경 안에서 자연스럽게 계속 강화를 받을 수 있도록 환경을 변화시키는 것이 중요하다. 이렇게 자연스러운 생활환경 속의 강화로 전환하기 위해서는 의도적인 강화가 본 궤도에 올랐다고 생각될 때까지 의도적인 강화와 자연스러운 강화를 함께 준다. 다음으로 바람직한 행동이 거의 습관처럼 굳어졌다고 생각되면 의도적인 강화를 뺀 자연강화만을 주는 단계로 나아가야 한다.

2. 자기효능감

Bandura(1977, 1986)가 처음 소개한 자기효능감은 전체적인 성격 특성도, 일반적인 자기개념도 아니다. 자기효능감은 서로 다른 활동들에서의 성취경험(성공/실패)을 통해 발달한 특수한 자기개념이라고 볼 수 있다(박승호, 2007). Bandura(1997)는 상황적, 행동적 특수성으로 설명된 자기효능감이 일반적인 자기개념보다 구체적인 상황에서의 동기와 행동을 더 잘 예측한다고 했다. 이런 이유로 자기효능감 개념은 우리나라의 '동기' 연구에서 지대한 관심을 받아 왔다(예: 김아영, 1998; 김아영, 박인영, 2001; 박병기, 채선영, 2005).

자기효능감은 인간의 행동을 이끌고 변화를 촉진하는 심리적 기제로 여러 행동 영역에 공통적으로 적용되는 개념이다. 이러한 여러 행동 영역 가운데 하나인 학업성취의 영역에 대한 자기효능감(학문적 자기효능감)의 영향력에 대한 연구는 서구에서도 역시 관심을 모으고 있다(예: Lent, Brown, & Larkin, 1986; Multon, Brown, & Lent, 1991; Schunk, 1984; Zimmerman, 1990). 이 분야의 연구들은 연구방법과 연구대상에서 다양하게 접근하고 있지만, 학생들의 자기효능감은 성취행동을 이해하는 데 중요한 변인이 된다는 것을 공통적으로 입증한다.

Multon, Brown 및 Lent는 1991년에 자기효능감과 학업성취도에 대한 메타 분석을 실시하였다. 이들의 연구결과에 따르면, 학생들의 자기효능감은 자신의 학업수행 변량의 약 14%를 설명하고, 자신의 학업지속 변량의 약 12%를 설명했다. 또한 학업성취 수준이 낮아질수록 자기효능감과 학업수행 및 학업지속의 관계가 높아진다. 자신의 능력 수준에 적절한 학업성취를 하는 학생들의 경우, 자기효능감은 초등학교 학생들보다 고등학생들의 학업성취에 더 큰 영향을 미친다고 하였다.

이처럼 자기효능감이 학업성취도에 영향을 미치므로 연구자들은 학습부진 청소년의 낮은 학업성취도와 자기효능감의 관계에 대해 지속적인 관심을 보였다. 학습부진 청소년들의 낮은 자기효능감은 학습부진 청소년들이 가진 반복된 학업에서의 실패 경험 때문이라고 설명할 수 있다. 학업에서의 실패는 자기효능감을 저하시키고, 저하된 자기효능감은 과제에 대한 노력을 감소시키며, 이것이 다시 학업실패로 이어지는 악순환의 고리가 존재하는 것이다. Shell, Colvin 및 Bruning (1995)은 읽기와 쓰기 성취도에서의 자기효능감과 귀인 양식의 관계를 학년별, 성취 수준별로 나누어 연구하였다. Shell, Colvin 및 Bruning의 연구결과를 살펴보면, 학년과 성취 수준에 따라 자기효능감, 귀인 양식, 읽기 성취도, 쓰기 성취도의 관계가 다르지 않았다. 낮은 성취 수준에 있는 학생들 가운데 자기효능감이 높은 집단은 자기효능감이 낮은 집단에 비해 성취 수준이 눈에 띄게 높았다는 결과에 주목할 만하다.

Schunk(1994)나 Zimmerman(1994) 등은 자기효능감 이론을 한 단계 더 발전시켜 자기관찰(self-observation), 자기평가(self-judgment), 자기반응(self-reaction)으로 구성된 자기주도학습

(self-regulated learning)에 관한 이론과 모형으로 발전시켰다(봉미미, 2000). 자기주도학습은 학습동기와 학습전략을 연결하는 개념으로, 학습자가 학습전략을 활용할 경우에 인지적 학습과 학습동기를 촉진하고, 학습자들의 동기적 신념의 개선은 학습동기뿐 아니라, 학습자들이 구체적인 학습전략을 선택하고 사용하는 정보처리 방법과 질에도 영향을 미친다.

학업상담자들은 낮은 자기효능감으로 자신의 실력을 발휘하지 못하는 내담자를 어떻게 도울 것인가라는 질문을 할 것이다. Bandura(1997)는 자기효능감은 성공경험, 대리경험, 언어적 설득, 생리적 · 정서적 상태의 네 가지 주요한 근원(scurces)을 통해 형성된다고 하였다. 성공경험이란 어떤 과제를 성공적으로 수행함으로써 자신이 능력이 있다고 지각하는 것을 의미하고, 대리적 경험은 다른 사람의 성취와 비교해 봄으로써 유능감이 생기는 것을 의미한다. 언어적 설득은 말 그대로 다른 사람이 어떻게 얘기해 주는가에 따른 사회적 영향을 의미하고, 생리적 · 정서적 상태는 자신의 능력이나 기능에서의 취약성을 부분적으로 판단할 때 나타나는 생리적이고 정서적인 상태를 의미한다.

성공경험은 자신의 능력에 대한 지표로서 네 가지 근원 중 영향력이 가장 커서 상담자가 더욱 관심을 가져야 할 부분이다. 성공은 자기효능감에 강한 신념을 형성하는 반면, 실패는 자기효능감을 약화시키므로 학습부진아의 경우 누적된 실패경험이 반복적으로 자기효능감을 약화시킨 상태에 있다고 할 수 있다. 특히, 자기효능감은 지속적인 노력을 통해 장애를 극복한 경험이 있어야만 얻어지고 쉽게 약화되지 않는데, 성공을 한다고 해서 반드시 자기효능감이 향상되는 것은 아니다. 자기효능감의 변화는 수행 그 자체보다는 수행이 능력을 통해 전해 주는 정보를 인지적으로 어떻게 처리하느냐에 따라 달라진다. 같은 수준의 수행에서의 성공도 해석에 따라 자기효능감을 향상시키기도 하고 저하시키기도 한다(Bandura, 1982).

한 예로 Schunk와 Rice(1987)는 성공경험을 통해 학습부진아들의 자기효능감을 향상시키는 과정을 확인하였다. 그들은 인지적전략을 학습과제에 적용함으로써 결과를 스스로 통제할 수 있다는 것을 재인식시키고, 인지적전략을 잘 적용했다는 증거로 성공이라는 피드백을 제공하여 학습부진아의 자기효능감을 증가시키고 후속적인 학업성취수준도 향상시켰다.

다시 말하면, 내담자의 학문적 자기효능감을 향상시키기 위해 상담자는 두 가지를 유념해야 한다. 첫째, 내담자가 실제 학업에서 성공을 경험할 수 있도록 학습과제에 대한 적절한 목표를 설정해야 한다. 평소 수학 50점 수준인 학생이 80점이라는 목표를 세운다면 아무리 열심히 해도 성공하기 어렵다. 50~60점 범위의 목표를 세워야 성공할 가능성이 크다. 55점, 60점, 65점, 70점으로 점차 목표를 높이면서 성공을 해 나가면 80점까지도 도달할 수 있을 것이다. 둘째, 내담자에게 성공을 자신의 힘으로 이루었다는 것을 확인시켜 주어야 한다. 노력하면 수학 성적을 올릴 수 있는 능력이 있다는 것을 인식하고 있는지 확인하고, 이 점을 공고히 해 주어야 한다. 목표를 향해 노력할 수 있었던 것도 훌륭한 능력이고, 노력을 통해 어떤 성취를 이루어낸 것도 그것을 할 수 있는 능력이 있었기 때문이다. 이 점을 분명히 하지 않으면 성공을 하고도 여전히 효능감이 낮은 상태에 머물 수도 있다.

3. 귀인양식

학업성취 결정요인에 대한 학생들 자신의 인식을 알아보기 위해 지금까지 수행된 연구의 대부분은 학업에서의 실패 및 성공 귀인에 관한 연구들이다. 귀인이란 사건이나 행동의 결과를 놓고 그 결과에 작용한 원인을 탐색하는 행위를 의미한다. 중요한 사건들의 원인을 사람들은 무엇이라고 생각하는가에 대한 Heider(1958)의 관심이 귀인이론의 근간이 되었다(Schunk, 1994). Heider는 사람들이 어떤 일의 원인을 내적 요인과 외적 외인으로 귀인한다고 보았다. 이후 귀인이론은 대인관계, 학교학습, 우울, 불안, 일탈행동, 스포츠 등 다양한 분야에서 발달하였다.

귀인이론을 학교학습과 관련하여 발전시킨 대표적인 교육심리학자들 중의 한 사람인 Weiner(1979, 1984)는 귀인의 내외차원, 안정성 차원, 통제 가능성 차원 등 세 가지 모두가 학습동기에 중요한 시사점을 지닌다고 제안하였다. 내외 차원은 자신감, 자존감, 죄책감, 수치감과 밀접한 관련이 있으므로 성공이나 실패를 내적 요인의 탓으로 돌리면 성공은 자부심과 동기 증진을 가져오지만 실패는 수치감을 느끼게 한다. 또한 성공이나 실패를 외적 요인의 탓으로 돌리면 성공은 감사의 결과를 수반하지만 실패는 분노의 결과를 수반한다.

안정성 차원은 미래에 대한 기대와 밀접한 관계가 있으므로 성공이나 실패를 노력이나 시험의 난이도와 같은 안정적 요인에 귀인하면, 미래의 비슷한 과제에 대해서도 성공 또는 실패할 것이라고 기대하기 쉽다. 자신의 학습결과를 기분이나 운과 같은 불안정적 요인에 귀인하면 미래에 비슷한 과제에 직면하였을 때 변화를 기대하기 쉽다.

통제 가능성 차원은 대체로 자신감과 미래에 대한 기대와 관계가 있다. 따라서 수학시험에서 얻은 좋은 점수를 통제 가능한 요인으로 귀인하는 학생들은 점수에 자부심을 가지고 미래에도 높은 점수를 받을 것이라고 기대하는 반면, 높은 점수가 통제 가능한 요인과 거의 관계가 없다고 생각하는 학생은 단지 감사함만을 느끼며 앞으로도 행운이 계속되기를 바란다(정종진, 1996).

즉, Weiner 귀인모델의 기본적인 입장에 따르면, 학생들은 과제에서의 성공과 실패를 세 가지 차원의 서로 다른 원인에 귀인하는데, 그 귀인양식에 따라 정서적 반응이 나타나고 미래의 성공과 실패에 대한 기대를 갖게 되어 학습행동에 영향을 미친다.

〈표 6〉 Weiner의 귀인과 각 차원과의 관계

	원인의 소재	안정성	통제 가능성
능력	내적	안정적	통제 불가
노력	내적	불안정적	통제 가능
운	외적	불안정적	통제 불가
과제의 난이도	외적	안정적	통제 불가

이러한 귀인모델은 학교학습과 귀인양식의 관계에 대한 경험적 연구를 통해 검증되었다. 예를 들면, Bar-Tal과 Bar-Zohar(1977)는 학업성취도와 내적 귀인양식과의 상관관계에 대한 36개의 경험적 연구를 개관하였는데, 그중 31개의 연구는 정적 상관을, 1개의 연구는 부적 상관을, 4개의 연구는 의미 있는 상관관계를 나타내지 않고 있음을 밝히고 학업성취도와 귀인양식의 높은 관련성을 주장하였다.

무엇보다 귀인양식이란 교육으로 변화될 수 있는 학습자의 특성이라는 점에서 주목을 받고 있다. Dweck(1975)은 교육을 통해 귀인양식을 변화시킴으로써 학생들의 학업성취도를 높일 수 있음을 최초로 입증하였다. Dweck은 학습된 무력감을 가진 아동에게 성공경험만을 주는 집단(실험집단 1)과 성공과 실패경험을 동시에 제공하면서 실패경험에 대해 노력 부족의 귀인정보를 주는 집단(실험집단 2)으로 나누어 각 처치가 학업성취도에 미치는 효과를 비교하였다. 그 결과, 실험집단 2에 속한 학생들의 학업성취도의 향상이 실험집단 1에 속한 학생들보다 크게 나타나, 귀인양식 변화가 학업성취도에 미치는 긍정적인 효과가 입증되었다. 또한 Relich, Debus 및 Walker(1986)는 귀인피드백이라는 귀인양식을 변화시키는 처치가 귀인양식, 자기효능감, 학업성취에 미치는 영향에 대해 연구하였다. 그리하여 귀인피드백은 귀인양식, 자기효능감, 학업성취에 직접적인 영향을 미치고, 귀인양식은 자기효능감에 직접적인 영향을 미치며, 자기효능감은 학업성취에 직접적인 영향을 미친다는 결과를 얻었다. 즉, 귀인피드백은 학업성취에 직접적인 영향을 미치면서 동시에 귀인양식과 자기효능감을 통해 간접적인 영향을 미친다고 할 수 있다. 특히, 귀인양식은 학업성취에 직접적으로 미치는 영향보다 자기효능감을 통해 간접적으로 학업성취에 미치는 영향이 더 크다고 할 수 있다. 이 밖에도 귀인양식의 변화를 통해 학습부진 학생들의 학업을 촉진하는 과정을 밝히고, 그 효과를 검증하는 귀인훈련 성과연구들이 계속 수행되고 있다.

이러한 재귀인훈련의 장점은 상담자가 쉽게 적용해 볼 수 있다는 것이다. 재귀인훈련은 상담자들에게 익숙한 인지적 재구조화 기법의 일종이라고 할 수 있다. 내담자가 자신의 학업적 성공이나 실패의 원인에 대해 어떻게 귀인하는지 확인한 다음, 학습동기를 향상시킬 수 있는 귀인으로 생각을 바꿀 수 있도록 돕는 것이 학업상담 전문가가 할 일이다. '내담자가 자신의 학업성취에 대해 어떻게 귀인할 때 다음 학습에 대한 동기가 높아지거나 낮아지는가?'에 대하여 지금까지 소개된 재귀인훈련 프로그램의 내용과 그 효과에 대한 경험적 연구결과로부터 시사점을 얻어야 할 것이다.

1) 귀인훈련 프로그램의 지향점

귀인훈련 프로그램은 학습자의 귀인양식을 변화시키는 것을 목적으로 하는 교육 프로그램이다. 따라서 귀인훈련 프로그램을 이해하려면 그 프로그램이 지향하는 학습자의 귀인양식이 무엇인지 확인해 보아야 한다. Weiner(1984)는 귀인변경 프로그램의 목적이 '실패→추론된 능력 결핍→무능감→성취 감소'의 부적합한 인과적 귀인의 흐름을 '실패→노력 결핍→죄책감과 수치감→성취 증가'로 변경시키는 것(정종진, 1989)이라고 말했다. 따라서 앞서 살펴본 Dweck(1975)의 연구는 이와 같은 Weiner의 가설을 검증하는 대표적인 실험연구라고 할 수 있다. Andrews와 Debus(1978)도 실패를 노력의 부족에 귀인하는 정도가 상대적으로 낮은 42명의 남학생을 대상으로 귀인을 노력으로 변경하는 프로그램을 실시하고 그 효과를 검증하였다. 즉, 귀인훈련 프로그램은 실패에 대한 노력 귀인을 증가시키는 것을 목적으로 하는 프로그램에서 시작되었다고 할 수 있다.

이후 실패만이 아니라 성공에 대한 귀인을 함께 변경시키는 프로그램에 대한 효과연구로 이어졌다. 성공에 대한 귀인을 변화시키는 귀인훈련 프로그램은 초기에는 성공에 대한 귀인도 실패에 대한 귀인과 동일하게 성공을 노력에 귀인하는 것을 목표로 하였다(예: Andrews & Debus, 1978; Chapin & Dyck, 1976;

Fowler & Peterson, 1981; Schunk, 1981, 1982). 반면, Forsterling (1985)은 성공에 대한 귀인변경 프로그램의 목적을 '성공→운→성공에 대한 유인가 및 기대 부족→과제 수행 저하'라는 부적합한 인과적 귀인을 '성공→능력→자부심과 성공에 대한 기대→과제 수행 증가'라는 바람직한 인과적 귀인으로 변화시키는 것이라고 하였다. 즉, 실패에 대한 바람직한 귀인양식과 성공에 대한 바람직한 귀인양식을 구분하면서, 실패와 성공에 대해 동일하게 내적 귀인을 지향하면서도 실패에 대해서는 노력을 강조하고, 성공에 대해서는 능력을 강조한다는 점이 다르다. 이는 성공을 노력에 귀인할 때 귀인정보를 접하는 학생이 스스로의 능력에 대해 실망감을 가질 수 있는 반면, 능력에 귀인할 경우 자기효능감, 자기가치감이 향상될 수 있기 때문이다. 이것은 특히 능력과 노력이 서로 다른 성질의 것이고, 능력이 많으면 노력을 적게 해도 되고, 능력이 부족하면 노력을 많이 해야 한다는 상보성에 해당하는 능력에 대한 신념을 가진 초기 청소년기(12~13세 이상) 이후의 학생들에게는 더욱 뚜렷이 나타나는 현상이다(Nicholls, 1984).

이와 같은 문제 제기는 능력과 노력에 대한 각각의 피드백 효과를 비교하는 연구와 능력에 대한 피드백과 노력에 대한 피드백을 통합하여 내적 귀인을 지향하는 두 방향으로 발전하였다. 이에 Schunk(1983, 1984)는 성공에 대한 노력 귀인피드백과 능력 귀인피드백의 효과를 비교한 결과, 성공에 대한 능력 피드백이 아동의 자기효능감과 과제성취도를 더욱 높인다는 것을 밝혔다. 그리고 성공과 실패 상황 모두에서 나타나는 능력에 대한 칭찬과 노력에 대한 칭찬의 효과를 비교한 Mueller와 Dweck(1998)은 성공과 실패에 관계없이 노력에 대해 피드백할 것을 권장하였다. 능력과 노력에 대한 귀인을 통합한 프로그램에 대한 연구를 보면, Craven, Marsh 및 Debus(1991)는 초등학생들의 학문적 자아개념 향상을 위해 성공에 대해서는 능력 귀인피드백을, 실패에 대해서는 능력 귀인피드백과 노력 귀인피드백을 함께 제공하였다. 그리고 Perry와 Penner(1990)는 대학생들의 학업성취도 향상을 위한 귀인훈련 프로그램에서 실패에 대해서는 노력에 귀인하고, 성공에 대해서는 능력과 적절한 노력에 귀인한다는 결과를 얻었다.

이렇게 귀인훈련에 포함되는 귀인의 내용이나 방향성은 노력과 같이 특정한 한 가지 귀인으로 재귀인하기보다는 실패경험과 성공경험에 따라 차별적인 처치를 하는 것으로 발달하였다. 또한 이러한 차별적 처치의 발달은 실패경험과 성공경험만이 아니라, 학습 과정의 시점과 귀인훈련 대상의 현재 귀인양식에 따라 차별화되어야 한다는 주장으로 발전되고 있다. Schunk(1994)는 학습의 과정 중 학습 초기 성공에 대해서는 노력에 대해 귀인할 것을, 이미 습득된 과제의 수행을 성공한 경우에는 능력에 대해 귀인할 것을 주장하였다. 그리고 Craven, Marsh 및 Debus(1991)는 내적 귀인에 대한 훈련 프로그램은 내적 귀인양식을 가진 대상보다는 외적 귀인양식을 가진 대상에서 더욱 효과적임을 밝혔다. 즉, 효과적인 귀인훈련 프로그램은 학업성취 수준이나 동기 수준에서 동질적인 학생들을 대상으로 귀인양식에 따라 차별화되어야 한다고 밝히고 있다.

2) 귀인훈련 기법의 다양성

기존의 귀인훈련 프로그램에서는 다양한 기법으로 학습자의 귀인양식을 변화시키고자 하였는데, 그 내용들을 검토함으로써 보다 효과적인 귀인훈련 기법이 무엇인가에 대해 정리하려고 한다. 1985년까지 소개된 15개의 귀인훈련 프로그램을 개관한 Forsterling(1985)은 귀인훈련 기법을 강화기법, 설득, 귀인 관련 정보 제공으로 구분하였다. 강화기법을 사용한 귀인훈련의 대표적인 예는 Andrews와 Debus(1978)의 연구에서 사용된 기법으로, 아동에게 스스로의 성취에 대해 4개의 원인 버튼(노력, 능력, 과제난이도, 운) 중 하나로 귀인하게 하고 노력귀인에 대해서만 실험자가 언어적 강화를 주었다.

Forsterling(1985)은 귀인훈련 프로그램에서 가장 빈번하게 사용되는 기법은 설득이라고 결론을 내렸으며, 1985년 이후에 개발된 귀인훈련 프로그램에서도 마찬가지로 설득의 방법을 가장 많이 사용하고 있다. 설득이란 학습자의 성공이나 실패 직후에 그 성공이나 실패의 원인에 관한 정보를 담은 피드백(이후 귀인피드백(attributional feedback)이라고 칭함)을 제공하는 것이다. 학습자의 성공에 대해 실험자는 "이번에는 네가 무척 열심히 한 것 같구나."라고 말하고, 실패에 대해서는 "잘 했다. 좀 더 열심히 하면 잘 할 수 있지?"라고 말한다. 또한 능력에 대한 귀인피드백의 예를 보면, "넌 이걸 참 잘하는구나." (Schunk, 1983), "이런 문제를 참 잘 푸는구나."(Mueller & Dweck, 1998) 등이 있다.

설득을 통한 귀인훈련은 모델을 통해 간접적으로 귀인피드백을 제공하는 방법과 학습 장면에서 학습자에게 직접 귀인피드백을 제공하는 방법으로 나눌 수 있다. 모델을 통한 귀인훈련의 대표적인 예는 Zoeller, Mahoney 및 Weiner(1983) 연구와 Perry와 Penner(1990) 연구인데, Zoeller, Mahoney 및 Weiner는 정신지체 성인에게 그들의 동료가 주인공이 되어 손협응 작업을 해 내는 영상물을 보여 주었다. 여기서 해설자는 주인공이 성공을 하거나 실패를 했을 때마다 노력으로 귀인하는 설명을 한다. Perry와 Penner는 성적이 부진한 대학생들에게 심리학 교수의 8분 강의 영상물을 보여 주었다. 여기에 등장하는 주인공 교수는 자신이 대학을 다닐 때의 실패 경험과 그 극복에 대해 이야기하면서, 실패에 대해서는 노력에 귀인하고 성공에 대해서는 노력과 능력에 귀인할 것을 촉구하면서 지속적인 노력의 중요성과 노력에 의해 능력이 향상될 수 있음을 설명한다. 더불어 학생들이 기울이는 노력의 양은 안정적인 성격적 특징은 아니지만 스스로 통제할 수 있는 부분임을 강조한다. 즉, Perry와 Penner의 연구에서 사용한 모델링 기법에는 교육적인 면이 한층 보강되어 있다.

그러나 역시 가장 많은 연구를 통해 사용되는 방법은 학습자에게 직접 귀인피드백을 제공하는 귀인훈련 기법이다. 그런

데 직접 귀인피드백을 제공하는 다양한 귀인훈련 프로그램들은 귀인피드백 이전의 성공 및 실패 경험의 조작, 귀인피드백을 제공하는 매체, 귀인피드백을 제공하는 기간 또는 강도 등에 따라 서로 다른 특성을 갖는다. 첫째, 귀인피드백을 제공하기 위해 설정되는 성공과 실패 경험에 대해 살펴보면, 학교 상황에서의 실제적인 시험결과를 사용하기보다는 귀인훈련 프로그램을 위해 새로운 과제를 만드는 경우가 일반적이다. 과제를 제공하고 그에 대한 학습자의 실제적인 성취 수준에 따라 성공과 실패를 구분하기도 하고, 학습자의 수행 수준과 관계없이 연구자가 미리 정한 성공 및 실패에 대한 정보를 학습자에게 제공한다. 그리고 미국의 경우는, 이때 많은 귀인훈련 프로그램이 수학문제를 과제로 사용하고 있다(Craven, Marsh, & Debus, 1991; Dweck, 1975; Mueller & Dweck, 1998; Relich, Debus, & Walker, 1986; Schunk, 1981, 1982, 1983, 1984, 1986). 과제의 종류나 과제에 대한 성공 및 실패에 대해 어떤 방식으로 규정하는가에 대해 연구자들은 특별히 논의하지는 않았지만, 가능한 학습자들의 실제적인 학습환경과 유사한 상황에서 귀인훈련이 이루어지는 것이 귀인변화의 지속성의 측면에서 볼 때 바람직할 것이다.

둘째, 귀인피드백을 제공하는 매체는 연구자나 교사가 학습자에게 직접 귀인피드백을 언어로 표현하는 경우가 가장 일반적이다. "정말 열심히 하는구나, 열심히 했구나, 열심히 해야겠구나(노력 피드백)." "참 잘 하는구나, 네가 잘 한다는 것을 알고 있지, 역시 똑똑하구나(능력 피드백)." 등의 말을 과제의 성공 또는 실패 직후에 직접 해 주거나 과제를 하는 동안 해 주는 것이다. 또는 귀인피드백을 과제물에 적어서 주기도 하는데, 이 경우에는 과제 수행의 점수, 성공 여부, 귀인 피드백이 동시에 제공되거나(Lyden, 1998), 학습자에게 귀인의 내용을 담은 자기지시(self-instruction)를 가르쳐 주고 스스로에게 귀인피드백을 하도록 한다. Fowler와 Peterson(1981)은 실험에 참여한 모든 학생들에게 "맞았네. 그건 네가 열심히 했기 때문이야." "틀렸네. 더 열심히 했어야 했는데."라는 녹음 내용을 들려주면서 과제의 성공과 실패에 대한 바람직한 반응임을 가르쳤다. 실험자는 녹음기에서 들었던 말들을 암송하게 한 다음 각자에게 과제를 주고 성공한 과제에 대해서는, "맞았어. 네게만 들리게 네게 말해 주렴."이라는 지시를, 실패한 과제에 대해서는, "틀렸네. 네게만 들리게 네게 말해 주렴."이라는 지시를 주어 학생들 스스로 자신에게 귀인피드백을 하게 하였다.

셋째, 귀인피드백을 제공하는 기간 또는 강도를 보면, 횟수의 경우, 1회의 귀인피드백을 제공하는 처치(예: Lyden, 1998; Mueller & Dweck, 1998)부터 60회 이상의 귀인피드백을 반복, 제공하는 처치(예: Andrews & Debus, 1978, Schunk, 1981, 1982, 1983, 1984, 1986)까지 매우 다양하다. 시간적으로도 1회를 제공할 경우에는 아주 짧은 시간에 이루어지는 반면, Craven, Marsh 및 Debus(1991)의 연구에서는 8주 동안 귀인훈련 프로그램을 지속하였다. 귀인양식은 비교적 지속적인 개인의 특성이므로(Bar-Tal & Bar-Zohar, 1977), 귀인훈련 프로그램은 1회적인 귀인피드백보다는 반복적이고 지속적인 귀인피드백으로 구성되는 경우가 일반적이다. 그러나 얼마나 반복하고, 어느 정도 지속되어야 하는가에 대한 논의는 찾아보기 힘든 것이 사실이다.

3) 귀인훈련 성과연구의 결과

귀인훈련 프로그램은 학습자의 귀인양식을 변화시키기 위해 계획된 것이다. 더불어 귀인훈련 프로그램은 학습자의 변화된 귀인양식이 학업수행의 향상으로 이어진다는 것을 가정하고 있으므로 더욱 의의를 갖는다. 따라서 귀인훈련 성과연구는 학습자의 귀인양식이 귀인훈련 프로그램에서 목표로 하는 귀인양식으로 변화되었는지 확인하는 것과 더불어 학습자에 대한 귀인피드백이 학업수행 수준을 향상시키는지 확인한다. 어떤 연구에서는 귀인양식의 변화를 확인하지 않고 학업성취도 또는 그 매개변인만을 종속변인으로 설정하기도 한다. Dweck(1975)은 실패경험 후의 수행수준을, Schunk(1981, 1982, 1983, 1984, 1986)는 귀인훈련에 사용한 과제와 유사한 난이도의 수학 문제를 푸는 양과 정확도를, Perry와 Penner(1990)는 강의 시간에 주어진 과제 수행 성공률과 숙제 완성도를 측정하는 등 거의 대부분의 연구에서 학업수행 수준의 향상을 확인하고 있다. 그리고 과제지속성을 학업수행으로 보고 종속변인으로 설정하는 연구도 있고(Andrews & Debus, 1978; Reiher &

Dembo, 1984; Fowler & Peterson, 1981), 과제지속성을 학업수행과 함께 종속변인에 포함시키기도 한다. 이러한 연구들 중 학업성취도의 향상은 없었지만 과제지속성은 향상된 경우도 있었는데, 대부분의 연구들은 귀인훈련이 학습자의 학업수행과 과제지속성을 모두 향상시킨다고 밝히고 있다.

또한 많은 연구에서 귀인양식의 변화가 학업성취로 이어지는 과정에서 자기효능감, 학문적 자아개념, 학습된 무력감과 같은 정서, 성취기대, 학습전략의 사용 등에 영향을 미친다는 이론에 근거하여, 그러한 매개변인들의 변화를 확인하고 있다. 그중 자기효능감은 귀인양식과 학업성취의 매개변인으로 가장 빈번히 포함된다. Schunk는 여러 가지 실험연구를 통해 귀인피드백이 자기효능감에 미치는 영향을 연구한 대표적 교육심리학자다(Schunk, 1981, 1982, 1984; Schunk & Cox, 1986; Schunk & Rice, 1986). Schunk의 1983년 연구결과에 따르면, 성공경험에 대해 귀인피드백을 제공했을 때 자기효능감과 학습기술습득이 향상되었고, 능력에 대한 피드백이 다른 조건 · 노력 피드백, 능력 · 노력 피드백에 비해 자기효능감과 학습기술습득을 가장 많이 향상시켰다. 이러한 연구결과는 많은 노력으로 이루었을 때보다 좀 더 적은 노력으로 동일한 성취 수준을 이루었을 때, 자기효능감을 더 많이 향상시킨다는 Bandura (1986)의 주장을 지지한다.

반면, Mueller와 Dweck(1998)의 연구결과는 또 다른 시사점을 던져 주었다. 그들은 앞에서 살펴본 Schunk 등의 연구에서

와는 달리 귀인피드백이 학생들의 성취동기에 미치는 영향을 검토하면서 자기효능감을 측정하는 대신, 목표 설정, 귀인양식, 실패에 대한 대처 반응 등을 측정하였다. 이들의 연구결과에 따르면, 자기효능감과 성취 수준을 향상시킨다는 능력에 대한 피드백이 노력에 대한 피드백과 비교할 때 학생들의 성취동기에 부정적인 영향을 미친다는 것이다. 능력에 대한 피드백을 받은 학생들은 성공가능성이 있는 과제만 선택하여 목표로 설정하고, 능력을 보다 안정적인 개인의 특성으로 보며, 실패에 직면했을 때 쉽게 과제를 포기하였다.

귀인피드백과 자기효능감에 대한 최근 연구라고 할 수 있는 Lyden(1998)의 연구는 또 다른 방식으로 그 관계를 검증하였다. Lyden은 경영학을 전공하는 2~3학년 대학생을 대상으로 모의 GMAT 문제를 풀게 한 다음, 시험결과, 귀인피드백, 귀인양식, 자기효능감 측정 문항을 포함하는 질문지에 응답하게 하였다. 질문지는 시험결과 및 귀인피드백에 따라 성공 · 능력귀인, 성공 · 난이도귀인, 성공 · 피드백 없음, 실패 · 능력귀인, 실패 · 노력귀인, 실패 · 피드백 없음의 6가지다. 그 결과, 성공경험에 대해서는 능력이라는 내적귀인 피드백이, 실패경험에 대해서는 노력이라는 변화 가능한 귀인이 자기효능감을 향상시켰다.

4) 국내 귀인훈련 성과연구

국내 귀인훈련 성과연구에 대해서는 학위 논문을 통한 연구에 국한하여 살펴보고자 한다. 우리나라에서는 1970년대 중반부터 귀인이론과 관련된 연구가 활발히 진행되어 왔는데, 귀인과정의 발달에 관한 연구와 학업성취 기대 및 정서와 관련된 연구라는 두 범주로 나눌 수 있다(최병연, 1991). 그리고 내용면에서 보면 학업과 관련된 귀인연구가 약 2/3로 가장 많은 비율을 차지하고 있다(국회 도서관이 2002년 1월에 보유한 귀인관련 학위 논문에 근거). 귀인훈련 성과연구를 주제로 한 학위 논문은 1980년대 초반 3편, 1980년대 후반 5편, 1990년대 초반 7편, 1990년 후반 8편, 2000년 이후 15편으로 연구가 점차 활성화되어 있다고 할 수 있다. 그중 1998년 두 편의 박사 학위 논문을 제외하고 모두 석사 학위 논문이라는 점을 감안할 대, 우리나라에서의 귀인훈련 성과연구에 대한 종합적인 결론을 내리는 것은 시기상조라고 하겠다.

우리나라 연구에서 다루는 귀인훈련 기법은 대부분 귀인피드백이고, 특수교육 분야에서는 행동수정 기법을 이용한 귀인훈련을 시도하였다. 귀인피드백의 경우 지속적인 피드백의 제공보다는 1회적인 경우가 주류를 이루고 있다. 즉, 귀인훈련 프로그램의 개발에 시사점을 주기보다는 귀인과정의 발달이나 귀인이론의 확인에 초점을 둔 연구들이라고 할 수 있다. 따라서 앞으로 '귀인을 변화시키면 무엇이 달라지는가?'라는 질문에서 '귀인을 효과적으로 변화시킬 수 있는 방법이 무엇인가?'라는 질문에 답하는 연구로 나아가야 할 것이다.

또한 국내에서의 여러 연구들의 결과가 서구의 연구결과와 상반되는 경우가 없는 것으로 볼 때, 국내의 연구결과들을 서구의 연구결과들과 연결하고 통합해야 할 것이다. 특히, 학교와 상담의 실제에서 학생들의 귀인양식을 효과적으로 변화시킬 수 있는 기법을 개발하고, 실제 변화된 귀인양식이 학업수행을 향상시킬 수 있도록 조력해야 한다.

4. 내적 동기

인간의 동기는 전통적으로 외적 동기와 내적 동기로 크게 나뉜다. 외적 동기는 어떤 행동을 하는 목적이 보상이나 처벌 회피와 같은 외적인 결과에 있는 것을 의미하고, 내적 동기는 어떤 외적 목적이나 보상이 없더라도 과제 자체에 대한 흥미나 수행에서 오는 만족감을 얻기 위해 행동하게 하는 동기를 의미한다. 외적 보상이 내적 동기를 손상하게 된다는 Deci(1975)의 주장은 외적 동기와 내적 동기의 상대적 중요성에 대한 논쟁의 출발점이 되었다. Deci(1971)는 대학생을 대상으로 한 퍼즐게임 실험을 통해 피험자들이 해결한 퍼즐의 수에 따라 보상이 주어진 실험집단과 아무런 보상도 주어지지 않은 통제집단의 퍼즐에 대한 흥미도와 퍼즐해결에 소요된 시간의 차이를 분석하였다. 그는 두 집단의 흥미도와 퍼즐 해결 소요 시간이 퍼즐놀이라는 활동에 대한 내적 동기 수준을 반영하는 것으로 정의하였다. 그 결과, 실험집단이 퍼즐을 푸는 데 보낸 평균 시간은 198초였으며, 통제집단은 242초였다. 즉, 실험집단이 통제집단보다 퍼즐을 푸는 데 보낸 시간이 적었으며, 실험 종료 후 측정한 흥미도에서도 낮은 수준을 보였다. 실험집단과 통제집단 간의 차이는 실험집단이 퍼즐풀기에 대해 돈을 받은 것 이외에는 없었다. Deci는 이것을 보상에 의한 내적 동기 감소효과라고 해석하였다. 외적 동기에 따른 내적 동기 감소효과는 과정당화 가설과 관련된 연구들(Lepper & Greene, 1975; Lepper et al., 1973)에서도 지지되었다. 한편, 보상이 내적 동기에 미치는 유해한 효과와 더불어, Amabile(1979)은 창의성에는 내적 동기가 필수적이며, 외적 동기는 창의성을 저해한다고 주장하였다. Amabile(1979)은 특정 활동에 대해 보상을 제공하면 사람으로 하여금 목표와 관련된 자극에만 주의를 집중하게 함으로써 환경의 다양한 자극들에는 주의를 두지 못하게 하는 주의 과정에서의 제한 효과를 제안하였다. 즉, 일반적으로 외적으로 보상된 과제를 수행하는 동안에는 목표와 관련된 자극에만 주의를 제한하게 된다는 것이다. Amabile은 이러한 보상에 의한 '주의의 협소화'는 창의적 수행에 필수적인 자발성과 유연성을 감소시키게 되며, 그에 따라 외적 동기가 창의성을 저해시킬 수 있음을 주장하였다. 또한 1983년 자신의 창의성에 대한 동기 가설에서 내적으로 동기화된 상태는 창의성에 유익하나, 외적으로 동기화된 상태는 창의성을 저해한다고 주장하였다(이상 최형주(2001) 재인용).

어느 유태인 할아버지의 이야기

어느 노인이 외로이 살고 있는 동네에 매일 오후만 되면 동네 꼬마들이 나와 시끄럽게 떠들면서 놀았다. 어느 날 너무나 시끄러워서 견딜 수가 없게 되자 노인은 꼬마들을 집 안으로 불러들였다.

노인은 "너희들이 즐겁게 노는 소리를 듣고 싶지만 귀가 잘 안 들려 들을 수가 없으니 매일 우리 집 앞에 와서 더욱 큰 소리로 떠들면서 놀아 줄 수 없겠니?"라고 말하였다. 만약 그렇게 해 준다면 한 사람에게 25센트씩 주겠다고 약속했다.

다음날, 꼬마들은 쏜살같이 와서 야단법석을 떨면서 집 앞에서 놀았다. 노인은 아이들에게 약속한 대로 25센트씩 주면서 다음날에도 와서 놀아 달라고 부탁하였다. 그 이튿날 아이들은 또 시끄럽게 떠들며 놀았고, 노인은 그 대가를 지불하였다.

그러나 이번에는 꼬마들에게 20센트를 주면서 돈이 다 떨어졌다고 말했다. 그 다음날에는 꼬마들이 받은 돈이 15센트였다. 게다가 그 다음날은 다시 5센트로 값을 깎을 수밖에 없다고 말하였다. 그러자 아이들은 화를 내면서 이제는 다시 오지 않겠다고 말했다.

"우리는 하루에 5센트만 받고서는 떠들 수 없어요."라고 소리쳤다.

Deci와 Ryan(1985, 2000)은 자신들의 내적 동기이론을 학습자의 자율성이라는 자기도식(self-schema) 개념을 구심점으로 발전시키고, 이 이론을 자기결정성 이론(self-determination theory, SDT)이라고 명명하였다(김아영, 2003). 자기결정성 이론은 내적 동기를 촉진하거나 저해하는 사회적 요인과 환경적 요인의 관점에서 형성된 이론으로, 유기체의 선천적인 경향성이라고 할 수 있는 내적 동기는 그것을 발현할 수 있는 상황에서 가장 잘 유발된다고 가정하였다. 자기결정성 이론은 인지평가 이론, 유기체 통합 이론, 인과성향 이론으로 구성되어 있다. 각 이론에 대한 내용을 다루는 것은 이 책의 범위를 넘어서는 것으로 자기결정성 이론을 다룬 다른 이론서를 참고하기 바란다. 여기서는 자기결정성 이론에서 제안하는 내적 동기와 외적 동기의 개념만 정리할 것이다. 자기결정성 이론에서는 내적 동기와 외적 동기가 서로 상반되는 대립 개념이 아니라 개인의 자율성과 통제라는 연속선상에 존재하는 것으로 본다. 즉, 자율성의 정도에 따라 각기 다른 유형의 동기가 하나의 연속선상에 놓여지는데, 아무런 동기도 없는 무동기(amotivation), 외적 조절(extrinsic regulation), 부과된 조절(intojected regulation), 확인된 조절(identified regulation), 통합된 조절(integrated regulation), 내적 동기(intrinsic motivation)의 순으로 [그림 3]과 같이 나타낸다.

내적 동기와 외적 동기를 구분하기보다는 연속선상에서 조망하고, 그 사이의 여러 동기 수준을 세분화함으로써 내담자의 동기를 보다 폭넓게 이해할 수 있다. 이러한 동기 개념을 학업

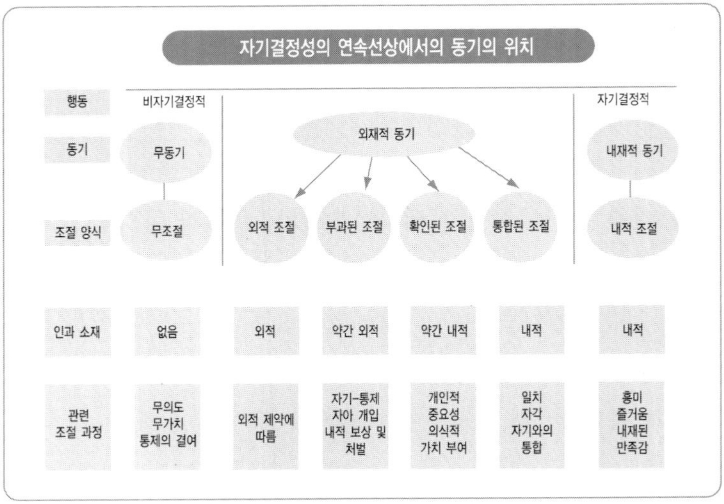

[그림 3] 조절 양식, 인과 소재, 관련 과정과 동기 유형을 보여 주는 자기결정성 연속선

출처: Ryan & Deci, 2000; 김아영, 2002 재인용.

행동에 적용한 Vallerand 등의 연구는 더욱 눈여겨 볼 만하다. 이들 연구에서 Vallerand와 Bissonnette(1992)는 자율성을 기준으로 하여 학습동기를 여섯 단계의 구조로, Vallerand 등(1992, 1993)은 일곱 단계의 구조로 구분하였다. 임은미(1998)는 자율성의 정도가 높아짐에 따라 학습동기를 여섯 단계로 구분한 Vallerand와 Bissonnette(1992)의 연구와 학습동기를 일곱 단계로 구분한 Vallerand 등(1992, 1993)의 두 가지의 분류를 종합하여 학습동기를 자율성이 낮은 순서부터 여덟 단계로 다음과 같이 정리하였는데, 내적 동기를 보다 세분화한 것이 특징이다.

1) 무기력 단계(Amotivation)

학습동기가 전혀 내면화되지 않은 상태다. 학생은 자신의 학업행동의 성과를 의심할 뿐만 아니라, 성과를 내기 위한 행동을 해낼 자신도 없다는 무기력에 빠져 목표지향적인 행동을 전혀 하지 않으려 한다. 학생은 학습된 무기력을 느낀다.

2) 외적강압 단계(Extrinsic-external regulation)

누군가가 직접적으로 보상을 주거나 통제를 가하면서 구체적인 행동을 지시할 때 행동을 수행한다. 교사나 부모 등 중요타자의 처벌을 피하고 보상을 받기 위해 공부하는 것이 이에 해당한다.

3) 내적강압 단계(Extrinsic-introjected regulation)

스스로가 자신의 행동을 통제하지만 행동의 직접적인 통제자가 타인에서 자신으로 바뀌었을 뿐 외적 가치나 보상 체계를 그대로 내면화한 단계로서 죄책감이나 긴장, 불안을 피하기 위해 공부한다.

4) 유익추구 단계(Extrinsic-identified regulation)

어떤 목표를 이루기 위해 유익한 행동을 스스로 선택하여 수행하는 단계다. 수학 과목에서의 능력을 향상시키기 위해 수학 과외 공부를 선택하는 것이 그 예다.

5) 의미부여 단계(Extrinsic-integrated regulation)

개인이 스스로 어떤 행동을 가치있다고 판단하여 선택할 뿐만 아니라 그 결정이 자신의 자아개념, 인생관, 목적에 부합하기 때문에 행동을 수행하면서 갈등을 경험하지 않는 단계다. 공부하면서 내적 갈등이나 긴장을 경험하지 않는다.

6) 지식 탐구 추구(Intrinsic-to know)

알고 이해하고 의미를 추구하려는 욕구에 의해 공부한다. 새로운 내용을 학습하고 탐색하고 이해하는 동안에 경험하는 즐거움과 만족을 추구한다.

7) 지적 성취 추구(Intrinsic-to accomplish to things)

과제를 완벽하게 수행하는 데 주안점을 두며, 스스로 유능함을 느끼며, 성취 및 창조를 하면서 경험하는 즐거움과 만족을 얻기 위해서 공부에 몰두하는 단계다. 스스로의 한계를 극복하기 위해 과제를 요구받은 것보다 높은 수준으로 하려고 노력하는 것이 그 예다.

8) 지적 자극 추구(Intrinsic-to experience stimulation)

공부하면서 무아지경(flow), 흥분감, 절정경험 등을 얻기 위해 공부하는 단계다. 자극적인 토론에서 경험하는 재미를 얻기 위해 수업에 참석하거나 열정적이고 흥분되는 학습 내용을 통해 강렬한 지적 즐거움을 얻기 위해 독서를 하는 학생이 그 예다.

임은미(1998)는 우리나라 중 · 고등학생들의 학습동기에 대해 연구한 결과, 우리나라 중 · 고등학생들의 동기는 앞서 설명한 여덟 가지로 뚜렷이 구분되기보다는 자율적 동기, 사회적 동기, 무동기의 세 가지 차원의 구조로 나타난다는 것을 밝혔다. 여기에서 자율적 동기는 공부하면서 가치와 보람을 느끼고 학업과제를 이해하는 데서 즐거움과 유능감을 느끼는 동기다. 사회적 동기는 진학, 직업, 경제적인 성공을 위해 학교에 다니는 동기다. 무동기는 공부의 가치를 스스로 발견하지 못하고 부모나 교사 등 중요 타자들의 압력에 밀려서 또는 사회적인 소외를 피하기 위해서 억지로 학교에 다니는 동기다. 우리나라 중 · 고등학생에게서 나타나는 가장 강력한 등기는 사회적 동기였고, 자율적 동기와 사회적 동기 모두 학업성취도를 예측하는 변인임을 확인할 수 있었다. 특히, 학업성취도를 높여 주는 부모의 자율성 지지나 학업에 관한 정보 제공이 직접 학업성취도에 영향을 미치기보다는 학생들의 동기를 통해 영향을 미친다는 연구결과는 학업상담에 주는 시사점이 크다. 즉, 상담자는 부모의 학업 지원 행동을 파악할 뿐만 아니라 부모의 행동이 내담자의 동기 변화에 어떤 영향을 미치는지 확인해야 하고, 이것을 부모들이 잘 조절할 수 있도록 도와야 할 것이다.

그중에서도 학업이 우수하면서도 학업에서 어려움을 많이 겪는 학생들에 대해 외적 동기와 내적 동기의 관계를 통해 이해할 수 있다. 이미 임은미(1998)의 연구에서 우리나라 학생들이 가장 영향을 많이 받는 동기가 사회적 동기인 것으로 나타났는데, 이것은 학업이 우수한 집단에서도 동일하게 나타나고 있다. 공부를 열심히 하는 것이 자기 성장이나 공부를 하는 것 자체에서 오는 흥미나 즐거움이 아니라 진학, 직업, 경제적인 성공을 위한 방편인 것이다. 학업우수아들은 성적이 조금만 떨어져도 진학이나 취업에서 실패할 것이라는 과도한 불안 상태에 놓이는 경우가 많다. 또한 진학이나 취업에 대한 목표 자체를 스스로 정했다기보다는 부모나 주변의 가까운 사람들의 기대에 의해 형성된 것이 대부분이다. 또한 자신이 다른 사람들에게 '공부를 잘하는 사람'으로 인식되는 것을 자신의 전체 모습으로 생각하기 쉬운데, 이 경우에도 공부를 하는 목적이 사회적인 위치를 유지하기 위한 수단이 되어 버려 흔히 '내 체면을 유지하기 위해서라도', '우리 부모님 얼굴을 봐서라도'라는 것을 느끼고 있다. 이런 학생들이 학업에서 실패를 하게 되면 바로 정체감 혼란으로 이어지고 자기존중감도 매우 낮아진다. 이렇게 지나치게 외적 동기에만 매달려 공부를 하는 학업우수아들은 항상 자신의 성취 수준에 대해 불안을 갖게 되어, 심할 경우 시험불안을 겪게 된다. 성적 하락으로 심하게 좌절하여 자살에 이르게 되는 경우가 이런 학업우수아들에게서 일어난다. 따라서 성적 하락으로 고민하는 학업우수아를 상담할 때는 외적 동기와 내적 동기의 측면에서 내담자의 학업에 대한 태도를 파악해야 한다. 지나친 외적 동기에 사로잡힌 내담자라면, 학업과 자기 자신을 분리하고, 공부를 왜 하는가에 대한 근원적인 질문에 대한 답을 찾을 수 있도록 조력해야 한다.

5. 자아실현 경향성

자기결정성 이론이 인지주의 동기이론과 인본주의 동기이론의 가교 역할을 한다면, Maslow의 자아실현은 인본주의 동기이론의 대표라고 할 수 있다. Maslow(1970)의 동기이론은 학업이라는 활동에만 적용되는 것은 아니고, 모든 인간 행동의 원동력에 대해 언급하고 있다. 인간은 내적 욕구를 갖고 태어나고 이 욕구를 만족시키기 위해 노력하는데, 이러한 노력의 궁극적인 목적은 생물학적 만족이나 긴장의 감소를 뛰어 넘어 자아실현의 추구다. Maslow의 동기이론은 가장 우선적이고 기본적인 생리적 욕구부터 자아실현이라고 할 수 있는 미적, 인지적 욕구를 포함하는 욕구 위계를 제시하고 있다. Maslow는 모든 사람이 자아실현을 위해 노력한다고 믿었으며, 우선 하위 욕구들이 충족됨으로써 상위의 욕구를 자유롭게 추구하게 되고 궁극적으로 자아실현까지 이르게 된다고 하였다. Maslow 욕구 위계 이론의 내용은 상담자 대부분에게 익숙할 것으로 간주하고 자세한 설명은 생략하고, 여기서는 욕구 위계 이론이 학업상담에 주는 시사점만 살펴보기로 하겠다.

Maslow의 욕구 위계 이론은 사람들이 반드시 위계에 따라 행동하는 것은 아니라는 점에서 비판을 받기도 하지만, 학업상담에 중요한 시사점을 주고 있다. Maslow에 따르면, 사람들은 누구나 항상 무엇인가를 원하는 욕구를 가지고 있고, 그 욕구가 행동을 결정한다. 이러한 욕구에는 좀 더 절실한 욕구가 있고, 상대적으로 덜 절실한 욕구가 있다. 사람들은 누구나 가장 절실한 욕구를 충족시키기 위해 행동하게 되는데, 보다 절실한 욕구가 충족되어야 덜 절실한 욕구가 행동을 결정할 수 있는 힘을 갖게 된다. 모든 사람들에게 가장 일차적으로 충족되어야 하는 욕구는 생리적 욕구 → 안전에 대한 욕구 → 소속감을 느끼고 사랑을 받고 싶은 욕구 → 남보다 낫다고 인정받고 싶은 욕구의 순이다. 그리고 이런 욕구가 모두 충족되면, 인간은 지금보다 좀 더 나은 사람이 되고 싶은 성장 욕구(알고 싶은 욕구 → 아름다움을 추구하고 싶은 욕구 → 자아실현의 욕구)를 느끼게 된다. 국가 차원에서 교육을 지원하고, 부모가 자녀를 가르치고, 학생들 스스로 학교에 다니는 가장 궁극적인 목적은 개인의 자아실현이다. 앞서 살펴본 학업에 대한 내적 동기인 새로운 것을 아는 것에 대한 즐거움, 과제 자체에 대한 흥미, 과제 수행의 성공에서 오는 기쁨 등도 역시 Maslow의 성장 욕구에 포함된 것들이다. 즉, 학업의 고유한 목적에 따라 학생들이 동기화되기 위해서는 그 이전에 결핍욕구부터 충족되어야 한다. 이러한 맥락에서 내담자의 어떤 결핍욕구가 위협을 받고 있어서 학업에 관심을 갖지 못하는지를 파악하는 것이 상담자가 해야 할 일이다.

한 예로, 수면욕을 보면, 우리나라 청소년들은 대부분 수면욕을 충족시키지 못하고 있다. 인간은 나이가 들어감에 따라 수면요구량이 점차 줄어든다. 따라서 당연히 청소년들은 그들의 부모에 비해 잠이 많을 수밖에 없다. 최근 연구에 따르면, 인간의 수면요구량은 나이가 들면서 꾸준히 감소하는 것이 아니라 급성장기에는 오히려 증가한다. 그렇다면 자녀와 부모의 수면요구량은 더욱 큰 차이를 보일 것이다. 그래서 많은 부모들은 “우리 애는 왜 이렇게 잠이 많은지 모르겠어요. 아침에 혼자 일어나는 적이 없어요. 한 번 깨워서 바로 일어나면 아마 그날은 해가 서쪽에서 뜰 거예요.”라는 호소를 한다. 마찬가지로 교사들은 “우리 교실의 반 정도의 학생들이 수업시간인데도 아예 자고 있어요.”라고 말하는데 이것은 모두 마찬가지 현상이다. 3당4락, 4당5락 등 잠을 적게 자야 일류대학에 합격한다는 말이 우리나라만이 아니라 미국에서도 유행하고 있는데, 이는 학생들의 가장 기본적인 욕구인 생리적 욕구에 속하는 수면욕을 이겨가며 공부를 하라고 하는 매우 비합리적인 기대다. 잠이 부족한 학생들이 깨어 있는 동안 공부가 잘 될 리 없다. 상담자는 내담자의 수면유형을 확인하고, 부족한 수면을 어떻게 해결해 나가고 있는지, 부족한 수면에 따른 학업과정의 어려움이 있는지를 내담자와 함께 정리해야 한다. 그런 다음 궁극적으로 시간관리전략 개입을 통해 적절한 수면량을 확보할 수 있도록 도와야 한다.

뿐만 아니라 청소년들은 수면욕뿐만 아니라 식욕이나 성욕 같은 생리적 욕구와도 싸워야 한다. 상담실을 찾는 내담자들 가운데 여학생의 경우는 식욕이, 남학생의 경우는 성욕이 문제가 되는 경우가 많다. 문제가 심각해져서 섭식장애나 성도착증으로 발전하는 사례도 있으므로 이 부분에 대한 점검과 조기 개입이 중요하다. 나아가 이혼, 별거, 사고, 질병 등으로 가정이 해체될 때나 학교폭력에 시달릴 때는 안전에 대한 욕구가 강하게 위협받게 된다.

또한 부모의 인정을 받지 못하거나 친구를 사귀지 못할 경우 소속감에 대한 욕구가 가장 절실해진다. 앞서 내적 동기에서 살펴본 것처럼 학업성적이 매우 우수함에도 불구하고 공부 때문에 어려움이 많은 학생들의 대부분은 부모로부터 인정받거나 다른 사람들로부터 칭찬을 받기 위해 공부에 매달린다. 즉, 공부를 공부 자체가 아닌 다른 기본적인 욕구를 채우는 수단으로 삼고 있기 때문에 성적 하락에 대한 불안이 극심하다. 이런 현상은 학업이 우수한 학생들에게만 나타나는 것이 아니라 부모에게서도 나타나며 바람직하지 않은 역할 모델이 되기도 한다. 자신의 일에서 스트레스를 많이 받는 대부분의 부모들도 자신의 성장이나 자아실현을 위해서 일을 하기보다, '먹고 살기 위해' '가족에 대한 의무를 다하기 위해' '사람들에게 인정받기 위해'라는 결핍욕구를 충족시키기 위한 수단으로 여긴다.

경우에 따라서는 학업에 대한 개입보다 기본적인 욕구가 위협받는 상황을 개선하고, 내담자 스스로 정체감을 정립할 수 있도록 돕는 개입이 우선적으로 다루어야 할 호소문제가 될 수도 있다. 이런 경우 학업에만 초점을 두면 문제해결이 어려워지고 문제가 같은 자리에서 맴돌기만 하여 내담자와 상담자 모두 지칠 수 있다. 무엇보다도 내담자의 삶 전체를 조망하면서 학업문제를 바라보아야 한다는 것이 Maslow의 동기이론이 학업상담에 주는 가장 큰 시사점이다.

4 학습전략

상담을 하다 보면, "우리 아이는 책상에 앉아 있는 시간은 긴데 성적이 통 오르지 않아요." "전 나름대로 열심히 하는데 성적이 오르지 않아요. 공부하는 방법에 문제가 있어서일까요?" "시험을 잘 볼 수 있는 방법이 있나요?" 등을 호소하는 내담자를 흔히 만난다. 이럴 때 상담자들은 학습전략을 먼저 고려할 것이다. 학습전략에 대한 연구는 1970년대 이후 활발해진 인지심리학의 발달에서 비롯되었다. 정보처리 관점에 대한 인지심리학 연구 동향과 더불어 미국의 고등국방연구계획국(DARPA: Defense Advanced Research Project Agency)이 학업성취 향상을 위한 훈련 프로그램 개발에 재정적 지원을 하면서, 인지전략과 정보처리 전략을 학습전략의 중심 개념으로 보는 연구가 진행되기 시작했다(김혜숙, 1983). 이후 학습전략은 그 정의가 다양해졌고 분류도 여러 형태로 발달하고 있는데, 대표적인 정의를 살펴보면 다음과 같다.

- 학습을 효율적으로 하거나 정보를 효율적으로 기억하는 데 도움이 되는 여러 가지 종류의 기능이나 방법을 의미한다(김계현, 2000).
- 정보처리과정 중 정보의 저장과 인출, 유입 정보를 이미 저장한 것과 비교하여 정보를 변환하고 바라는 목표를 달성하기 위하여 의사결정을 내리는 것 등의 과정을 촉진시키기 위해서 사용되는 것이다(O'Neil & Spielberger, 1979).
- 학습을 촉진시키기 위하여 학습자가 사용하는 여러 가지 정신적 조작으로서 목표지향적인 구체적인 행동이다(Jones, 1983).
- 정보를 획득하고 저장하고 활용하는 것을 촉진시킬 수 있는 일련의 과정이나 단계다(Dansereau, 1988).
- 학습자의 학습과정에 영향을 미치는 행동양식과 사고체제로서 학습자가 새로운 정보를 선택하고 획득하고 조직해서 통합하는 방식에 영향을 미치는 인간의 정보처리 활동이다(Weinstein & Mayer, 1986).
- 학습목표를 달성하기 위한 전체적인 계획 과정이다(Derry, 1989).

1. 학습전략의 분류

학습전략을 분류하는 여러 가지 모형 중 가장 대표적인 것은 Dansereau(1988)와 McKeachie 등(1986)의 모형이다. 또한 정보처리 과정상의 인지전략을 세분화한 문선모(1994)의 분류도 상담에서 참고할 수 있다. 이들을 종합하여 학습전략은 세 가지 전략으로 나눌 수 있다. 학습할 대상을 어떻게 받아들이고 가공하여 필요할 때 재생하는가와 밀접한 관련이 있는 정보처리과정상의 인지전략, 그 하나하나의 과정을 통제하고 관리하는 상위인지전략, 나아가 동기화, 정신에너지관리, 시간관리, 도움추구행동 등과 관련되는 관리전략 등이다. McKeachie의 분류가 여기에 가장 가깝다고 할 수 있다. 상담자는 적어도 인지전략, 상위인지전략, 관리전략의 세 가지 차원에서 내담자의 현재 학습전략을 파악해야 하는데, 어떤 학습전략을 사용하고 있고 그 효과는 어떠하며 앞으로의 개선 방향으로 어떤 것이 가능한가 등을 파악해야 한다. 내담자가 사용하는 학습전략을 보다 객관적으로 파악하기 위해 학습전략과 관련된 심리검사를 사용할 수도 있다. 학습전략검사나 구체적인 학습전략의 내용과 습득 방식에 대해서는 효과가 입증된 다양한 학습전략 프로그램과 학습전략을 주제로 한 다른 도서를 참고하기 바란다. 여기에서는 학습전략의 개념을 학업상담에 적용할 때 상담자가 고려해야 할 사항에 대해 다룰 것이다.

Dansereau의 분류(1988)

- **주전략**: 이해전략, 파지전략, 회상전략, 사용전략
- **보조전략**: 설계(planning), 계획(scheduling), 집중력 관리(concentration management), 자기점검(self-monitoring)

McKeachie 등의 분류(1986)

- 인지전략: 자료의 부호화, 즉 학습에 관한 전략과 정보의 인출에 관한 전략으로 시연전략, 정교화전략 등이 포함됨
- 상위인지전략: 인지과정을 계획, 조정, 관리 및 수정하는 전략. '계획전략'은 목표 설정, 훑어보기, 질문 생성을 사용하는 전략이고, '조정전략'은 자기검사, 시험전략을 사용하는 전략이며, '조절전략'은 독서 속도 조절, 재독서, 복습, 수검전략을 사용하는 전략임
- 자원관리전략: 과제에 대한 관여의 양과 질에 영향을 미치는 자원을 통제하는 전략으로 시간관리전략(시간표 작성, 목표설정), 공부환경관리전략(장소 정리, 조용한 장소 확보, 조직적인 장소 조성), 노력관리전략(자기효능감을 높이는 노력에 대한 귀인, 학습 분위기 조성, 자기강화), 타인의 조력전략(교사, 동료로부터 조력을 추구, 집단 학습, 개인 지도 받기) 등이 포함됨

문선모의 정보처리과정 중심 분류(1994)

- 주의집중전략: 중요한 정보와 중요하지 않은 정보를 변별하여 중요한 정보에 주의를 더 기울이고, 더 잘 학습하고 회상하게 하는 전략임
- 시연전략: 기본적 학습 과제에서 제시된 항목들을 능동적으로 암송하거나 이름을 부르는 것으로 소리내어 반복하기, 자료 복사하기, 선택적으로 압축하여 요약하기, 밑줄 긋기 등이 포함됨
- 정교화전략: 학습 중인 정보에 첨가하는 전략으로 '핵심단어

법(keyword method)'이 가장 인기 있는 방법이며, 의역하기, 요약하기, 유추하기, 요약 정리하기, 질의 응답하기 등 제시된 정보와 선행 지식을 통합함

- **조직화전략**: 정보 집합을 하위 집합으로 나누고 하위 집합 간의 관계성을 지적하는 과정으로, 항목들을 기억하기 위해 보다 더 큰 범주로 군집화하는 방법으로 '개요작성(outlining)'이 가장 많이 쓰임
- **정의적전략**: 집중력 유지, 수행불안 관리, 동기유발 확립 및 유지, 효과적인 시간관리를 위해 사용함
- **상위인지전략**: 평가(evaluation), 계획수립(planing), 조정(regulation)으로 구분되고, 평가는 자신의 현재 지식 상태와 자신의 능력에 대한 평가를, 계획수립은 과제목표를 달성할 전략들을 계획적으로 선정하는 것을, 조정은 목표를 향한 진전에 대한 점검과 자신의 노력에 대한 방향 수정을 의미함

학습방법 및 전략은 학년이 높아질수록, 그리고 학습에 투여하는 시간이 많은 과제일수록 학업성취에 미치는 영향이 커진다. 정보량이 많아지면 체계적인 학습방법과 전략을 사용하지 않고서는, 적절한 시기에 그 정보를 활용하는 것이 어려워진다. 학생들의 학업량이 많아지고 과제가 복잡해질수록 학업 전반에 투여되는 시간과 노력, 그리고 그 시간과 노력의 효율성이 학생들의 학업성취도를 결정하게 되는 것이다. 우리나라 학습부진 학생들의 성적 하락의 시기는 초등학교 4학년, 중학

교 1학년, 고등학교 1학년 시기에 집중되고 있는데(김창대 외, 1994), 이것은 교육과정의 변화 시기와 일치한다. 아직 경험적으로 입증된 것은 아니지만 이 시기 성적 하락의 주요 원인은 학습전략의 문제일 가능성이 높다. 학습전략의 측면에서 상담자는 학습전략을 내담자의 구체적인 학업행동으로 파악하고, 이를 보다 효율적인 학업행동으로 변화시킬 수 있도록 조력해야 한다. 여러 학자들이 제시한 학습전략을 아래와 같이 행동에 가깝게 정리하면 이해가 쉬울 것이다. 인지전략은 전통적인 정보처리과정상의 인지전략을 그대로 적은 것이고, 공부방법은 주로 상위인지전략에 가까운 내용을, 시간 관리 및 정신에너지 관리는 관리전략에 가까운 내용들을 담고 있다.

- **인지전략**: 시연, 정보의 의미화, 정보의 정교화, 정보의 조직화, 암기법 등 학습 내용을 읽고 이해하고 기억하는 전략
- **공부 방법**: 전반적인 주의집중전략, 노트 작성 방법, 수업 활용, 시험 준비 전략 및 시험 응시 요령, 과목 공통적 학습전략, 개별교과 학습전략, 요점 정리, 독서 속도 조절
- **시간관리**: 학업 전반에 투여되는 시간과 노력, 시간과 노력의 효율성, 시간표 짜기, 계획 세우고 관리하기
- **정신에너지관리**(노력 관리): 행동 관리, 건강 관리, 감정 관리, 긍정적 사고

2. 인지 및 상위인지전략

인지 및 상위인지전략이란 학습자가 정보를 처리, 통제, 조절하는 데 관련된 전략이며, 국내외에서 운영 중인 학습전략 프로그램의 많은 부분을 차지하는 주요 요소다(김동일, 2005). [그림 4]에서와 같이 Park(1993)는 정보처리과정 모형에서 각 단계에 사용되는 인지전략에 대해 설명하고 있다(황애경, 2003). 그 내용을 정리하면 다음과 같다.

1) 주의집중전략

주의집중전략은 감각기억에서 단기기억으로 정보가 옮겨져 가는 주의집중 과정과 관련이 있다. 학습을 하려는 것에 대하여 관심을 가지고 주의를 기울이느냐, 그리고 주의를 기울인다면 어떤 것에 집중하는가가 중요하며, 공부에 사용할 수 있는 시간, 공부 환경, 자기 자신, 교사, 가족, 동료 등을 잘 관리하는 전략(관리전략 부분 참조)이 필요하다. 이들 전략은 학습자가 환경에 적응하거나 자신의 요구에 맞게 환경을 변화시키는 데 도움을 주기 위한 전략으로 이를 인지전략과 독립해서 보는 경우도 있다.

2) 시연전략

시연전략은 단기기억에서 정보가 사라지지 않게 하기 위한 것인데, 반복적이고 기계적으로 외는 것을 말한다.

3) 정교화전략

정교화전략은 자료 내에서 서로 연결점을 만들거나 학습하려는 자료와 이미 아는 다른 자료 간에 연결점을 만드는 것을 말한다. 이러한 정교화의 기법에는 심상화, 질문에 답하기, 범주 찾기, 위계화 및 보기 들기 등이 포함된다.

4) 약호화전략

단기기억에 들어온 정보 중 이후에 필요하거나 활용해야 할 정보가 있으면 장기기억에 저장해야 한다. 약호화전략은 단기기억에 있는 정보를 장기기억으로 전이하는 과정에서 정보를 줄이는 전략이다. 이때 가장 중요한 것은 기존 정보와의 통합 가능성의 문제인데 이미 가지고 있는 정보와 새로운 정보를 잘 결합하여 기억하면 빠르게 저장할 수 있고 기억도 오랫동안 지속된다. 이처럼 잘 통합된 기억은 잘 조직화된 것이며, 이러한 지식은 의미가 있고 구조적이고 조직적이 된다. 즉, 유의미화전략과 조직화전략이 함께 사용된다.

5) 인출전략

인출이란 이미 장기기억에 있는 정보를 활성화시켜 단기기억으로 끌어내는 것을 말한다. 인출과정을 통해 활성화된 정보는 정교화전략에 필수적인데, 이것으로 학습이 풍부해지고 쉬워질 뿐만 아니라 어떤 지식을 인출하여 활용하느냐에 따라서 무엇을 학습하게 되는가가 결정된다.

6) 상위인지

상위인지는 사고에 대한 사고 또는 생각할 줄 아는 사고로 흔히 오케스트라의 지휘자에 비유된다. 상위인지는 인지과정을 지각하고 알아차리며 인지를 통제하고 조정하는 두 가지 측면을 가지고 있다. 이를 통해 상위인지는 계획, 관리 및 자기조절 활동을 한다. 계획 활동에는 공부의 목표를 설정하고, 정독하기 전에 먼저 개관하고 질문하며, 문제를 분석하는 것 등이 포함된다. 관리 활동에는 스스로의 주의집중을 추정하고, 검증하며, 자신의 이해를 확인하는 것이 포함된다. 자기조절 활동에는 관리 활동과 연결된 독서속도의 조정, 이해의 정도에 따라서 다시 읽기와 복습, 시험전략의 활용 등이 포함된다. 이러한 자기조절 활동은 과제를 수행할 때 자신의 행동을 점검하고 교정하는 데 도움을 주기 때문에 수행을 향상시켜 준다.

한편, 대학생이나 성인 학습자들의 경우 나이가 듦에 따라 새로운 정보를 그대로 저장하기 어려워지면 새로운 정보를 저장하고 인출하는 과정에서 활용하는 인지전략에서도 변화가 일어난다. 즉, 주의과정, 인출과정, 약호화과정의 전반적인 처리 속도 및 효율이 저하되는 반면, 정교화전략, 조직화전략, 상위인지전략 등 고차원적 인지전략을 발달시키고 활용하는 능력은 계속 향상된다. 따라서 대학생이나 성인을 대상으로 한 학업상담에서는 이를 고려하여 개입해야 할 것이다.

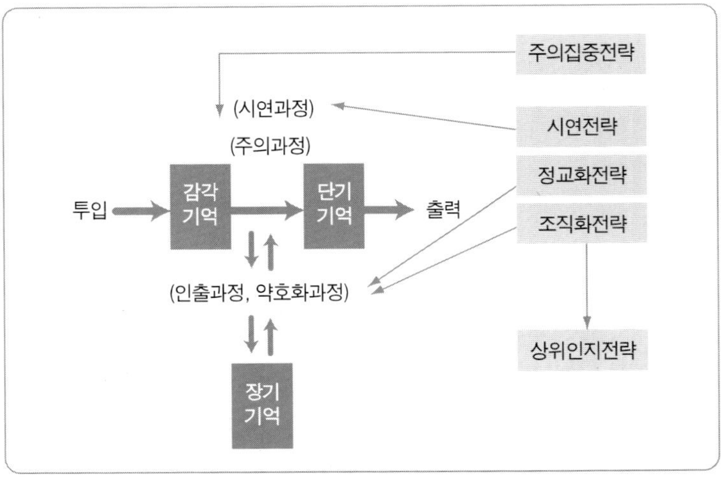

[그림 4] 정보처리 체계와 인지전략

출처: 김동일(2005). 학업상담을 위한 학습전략 프로그램, p. 39.

3. 관리전략

학업상담에서 대표적으로 다루어지는 관리전략은 시간관리전략과 정신에너지관리전략이다. 즉, 학업을 잘 수행하려면 공부에 투자하는 시간을 잘 확보해야 하고, 확보된 학습시간 동안 과제에 집중할 수 있어야 한다. 시간관리전략과 정신에너지관리전략 역시 학업을 조력하기 위한 프로그램 형태로 개발되어 보급되고 있다. 프로그램의 자세한 내용에 대해서는 개별 프로그램들의 개발 보고서를 참고하기 바라며, 여기서는 시간관리전략과 정신에너지관리전략의 주요 개념을 소개한다.

1) 시간관리전략

시간관리전략은 학습할 시간을 어떻게 계획하고 확보하고 실천해 나가는 것인가와 관련이 있다. 상담자는 내담자가 스스로 시간의 주도자가 될 수 있도록 돕는다. 시간을 '인생의 삶 전체'라고 볼 때, 시간관리란 단순히 시간만을 관리하는 것이 아니라 '개인의 삶 전체', 즉 '인생 전체'를 관리하는 자기관리 기술이다. 학업문제를 호소하는 내담자뿐만 아니라 상담자에게도 필요한 관리전략이다. 시간관리를 잘하는 행동이란 목표를 세우고, 계획을 치밀하게 짜고, 일의 우선순위를 정해서 무엇부터 할 것인지 의사를 결정하여 그 일을 실제로 행동으로 실천하고, 실천한 것을 토대로 무엇이 어떻게 잘 되었고, 또 무엇이 어떻게 잘 안 되었는지 평가해서 다음 계획에 반영하고, 그 모든 과정에 필요한 정보를 최대한 잘 활용하여 목표를 달성하는 것을 말한다.

한국청소년상담원에서 개발하여 보급하는 시간관리전략 프로그램(김진숙 외, 1997)에서는 시간관리 모형을 제안하고 6가지 핵심요소를 소개하고 있다. 이에 따라 각 요소를 얼마나 잘 활용하고 있는지를 확인할 수 있는 시간관리 척도 검사도 개발하였다. 그 여섯 단계를 통해 시간관리전략의 주요 특징을 이해할 수 있을 것이다.

(1) 목표설정 단계

자신이 무엇을 하고 싶은지를 알아보고, 자신의 장단점을 파악하여 상황을 분석하고, 달성하려는 목표를 세우는 단계다. 목표는 '장기 목표, 중기 목표, 단기 목표를 생각한다 → 구체적인 평가 기준을 세운다 → 마감일을 정한다'의 순서로 세워야 하는데, 예를 들면 다음과 같다.

- 장기 목표: 2년 후 교환학생으로 나갈 때까지 영어를 공부해서 미국에 가면 곧바로 공부를 시작할 있도록 준비한다.
- 중기 목표: 1년 후에는 혼자 영어 공부를 할 수 있을 만큼 영어 실력을 쌓는다.
- 단기 목표: 1년 동안 인터넷 강의를 하루도 빠지지 않고 듣는다.
- 이번 달: 일주일에 월, 수, 금 3일은 새벽에 인터넷 강의를 듣고, 화, 목, 토 3일은 같은 시간에 단어를 암기한다.

(2) 계획 단계

목표를 이루기 위해 세부적인 행동전략을 세우는 단계다. 장기, 중기, 단기, 연간, 월별, 주별, 일별 계획을 다양하게 세울 수 있고, 일의 소요 시간과 급작스러운 일이 생길 때를 고려하여 여유 있고도 치밀한 계획을 세운다. 즉, '계획 세우기 시간 확보 → 요구되는 시간, 기간, 중요도 고려하기 → 장기, 중기, 단기 계획 세우기 → 구체적 달성 방법(소요 시간, 언제, 어디서, 어떻게) 기록하기'의 과정을 거친다.

(3) 의사결정 단계

일의 우선순위를 정하고 일을 추진해 나가는 단계다. 자신의 우선순위에 대해 신중하게 생각하고 선택해야 한다. 일의 우선순위를 정할 때는 일의 중요도와 긴급도를 모두 고려한다.

스티븐 코비는 목표를 항아리에 주먹만한 크기의 돌, 자갈, 모래를 섞어서 채워 가는 것에 비유했다. 목표를 주먹만한 크기의 돌로 생각하면 항아리에 단지 몇 개만 넣을 수 있을 것이다. 목표를 자갈이나 모래알처럼 작은 조각들로 계획하면 항아리 안에 더 많은 목표를 담을 수 있을 것이다. 그리고 우리는 항아리에 어떤 것부터 넣을 것인지에 대한 순서도 생각해야 할 것이다. 만일 항아리에 자갈이나 모래로 먼저 채우면 주먹만한 크기의 돌을 넣을 수 없을 것이다. 따라서 커다란 돌처럼 최우선순위 목표를 먼저 고려해야 한다.

(4) 실행 단계

어떤 일을 할 때 실제로 어떤 식으로 해 나가는지를 알아보는 단계다. 일을 시작하여 열중하고 마무리하는 과정이 모두 포함된다. 하루를 보낼 때 가장 중요한 일부터 시작하는지, 적당한 휴식을 취하는지, 시작한 일을 중도에서 그만두거나 미루지 않고 끝내는지, 자투리 시간을 잘 활용하는지를 점검하여 계획을 효율적으로 실천한다.

- 중요한 일부터 시작한다.
- 복잡하고 중요한 공부는 최적의 시간에 한다.

- 계획에 차질을 줄 것으로 예상되는 일은 시작하지 않는다.
- 추가적인 긴급한 일은 무시할 수 있다.
- 적절한 휴식을 취하고 적당한 속도로 공부한다.

(5) 통제 및 평가 단계

일의 진행 과정과 성과를 평가하고 다음의 계획에 반영하는 단계다. 연간, 월간, 주간, 일일 계획표를 세우고 계획에 따라 실행한 후, 계획이 잘 실행되었는지 여부를 평가해야 한다. 잘 실행되지 않았다면 그 이유를 생각해 보고 다음 계획에 반영해야 한다.

(6) 정보 이용 단계

어떤 자료를 어떻게 수집하고 활용하는지를 계획하는 것으로, 실제로 앞의 다섯 단계에 모두 해당된다. 각 단계에서 적절한 정보를 최대한 이용하는 것을 의미한다.

시간관리전략의 6가지 원리

① 나에게 맞는, 내가 원하는 목표를 세운다.
② 일의 우선순위를 정해야 한다.
③ 목표를 이룰 수 있도록 효과적이고 현실적인 계획을 세운다.
④ 계획의 실행은 최대 효과를 발휘할 수 있는 환경과 시간에 단호하게 이루어져야 한다.

⑤ 계획한 대로 얼마나 잘 실행했는지를 점검하고 평가하여 다음 계획에 반영시킨다.
⑥ 정보화사회에서는 적절한 정보 이용이 일의 성패를 좌우한다.

2) 정신에너지관리전략

정신에너지관리란 사고, 감정 및 행동을 관리하는 능력이다. 즉, 자신의 몸과 마음을 잘 다스려서 최고 상태로 유지함으로써 내면의 잠재력을 최대한 발휘할 수 있도록 하는 것이다. 최근에는 좀 더 쉬운 용어로 '노력관리'라는 용어를 사용하기도 하며, '주의집중관리'도 포함하는 개념이다. 한국청소년상담원에서 개발하여 보급한 정신에너지관리 프로그램에서는 행동관리, 감정관리, 긍정적 사고, 올바른 식생활, 적절한 운동, 휴식과 수면의 6가지 영역의 관리를 강조하고 있다. 각 영역의 관리 지침을 요약하면 다음과 같다. 각각의 내용을 모든 내담자에게 적용할 필요는 없으며, 상담자가 필요한 부분에 대해 개입할 때 활용하기 바란다. 한국청소년상담원의 프로그램(김진숙 외, 1997) 내용 중 각 영역의 관리가 얼마나 잘 되고 있는지 확인할 수 있는 간편한 도구도 소개되어 있으므로 활용할 수 있다.

(1) 행동관리

• 행동에 옮기기 전에 그 행동의 결과에 대해서 미리 생각

한다.

- 현재 행동이 내가 원하는 것을 채워 주고 있는지를 점검하고 지금보다 더 나은 방법을 찾는다.
- 어떤 일을 효율적으로 하는 데 도움을 주는 주위 사람이나 여건을 안다.
- 하고자 하는 일을 이루었을 때 자기에게 맞는 보상을 한다.
- 공부할 때는 공부에만, 일을 할 때는 일에만, 쉴 때는 휴식에만 집중하도록 노력한다.

(2) 감정관리

- 자신이 느끼는 감정이 무엇인지 파악한다.
- 왜 그런 감정이 생겨났는지 생각한다.
- 내 감정을 적절하게 처리할 수 있는 방법(예: 음악감상, 글쓰기, 채팅, 상담하기, 친구에게 털어놓기, 직접적인 대화, 명상)을 찾는다.
- 선택한 방법에 따라 행동에 옮긴다.
- 방법이 효과적이었는지 평가하고 자신에게 가장 도움이 되는 방법을 찾아 나간다.

(3) 긍정적 사고

- 실수나 실패로부터 배울 수 있는 것을 찾는다.
- 부족함이나 단점보다는 내가 잘하는 것이나 장점을 발견하고 현재의 내 모습에 자부심을 가진다.

- 뭔가를 꼭 해야 한다거나 무엇이 꼭 되지 않으면 안 된다는 생각에 매달리지 않는다.
- 합리적이고 융통성이 있는 생각을 한다.

(4) 올바른 식생활

- 설탕, 소금, 화학 조미료, 동물성 지방, 카페인의 섭취를 줄인다.
- 가능한 생수를 많이 마신다.
- 신선한 과일과 채소를 많이 먹는다.
- 음식을 먹을 때는 즐거운 마음으로 천천히 꼭꼭 씹어서 먹는다.
- 화가 났을 때, 음식물로 화를 풀지 않는다.
- 편식하지 않고, 영양소를 골고루 섭취한다.

(5) 적절한 운동

- 아무리 바쁘더라도 매일 가벼운 운동(예: 체조, 걷기, 물구나무서기)을 한다.
- 1주일에 2~3번 정도는 땀을 흘릴 수 있는 운동을 한다.
- 자신의 나이, 성별 그리고 체력에 맞는 운동을 찾아서 한다.
- 하루에 최소한 30분 이상 걷는다.
- 생활 중 쉽게 할 수 있는 운동을 찾아서 꾸준히 한다.

(6) 휴식과 수면

- 아무리 바쁘더라도 일과 중 잠깐이라도 몸과 마음을 쉴 수 있는 시간을 확보한다.
- 자신에게 알맞은 수면 시간을 찾아 규칙적으로 잠을 잔다.
- 하루에 5~10분씩 편안히 누워 아무 생각없이 깊은 호흡을 하면서 호흡에만 정신을 집중하는 시간을 갖는다.
- 나만의 휴식 방법이 있고, 다양한 휴식 방법을 계속 개발한다.
- 잠자는 시각과 일어나는 시각을 규칙적으로 한다.
- 낮잠은 오후 3시 이후에는 자지 않는 것이 좋고, 2시간 이상을 넘기지 않는다.
- 어떤 일을 할 때 내가 이 일을 잘할 수 있다고 믿는다.

4. 학습스타일

상담자는 무엇보다 학습전략이 내담자의 특성에 따라 개별화되어야 한다는 것을 유념해야 한다. 학습전략에 대한 일반적인 원리를 공부할 때는 모든 학습전략이 모든 학습자에게 반드시 적용되어야 할 중요한 원리처럼 여겨지기 쉽다. 그러나 아무리 좋은 학습전략도 자신의 특성과 맞지 않으면 오히려 학업을 방해할 수 있다. 특히, 상담자가 주목해야 할 개인차는 인지양식과 성격이 대표적이다. 인지양식은 인지전략 측면의 개입에서, 성격은 공부 방법과 관리전략 측면의 개입에서 더욱더 신중히 고려되어야 한다. 개인의 인지양식과 성격적 특성이 학업 과정에서 나타나는 양상을 특히 학습스타일이라고도 명명하고 있다. 그 내용을 살펴보면 다음과 같다.

외부로부터 들어온 정보를 부호화하고 저장, 인출하는 인지적 과정에서의 개인차를 인지양식이라 한다. 인지양식은 장의존적 인지양식과 장독립적 인지양식으로 분류되기도 하고, 충동적 인지양식과 반성적 인지양식으로 분류되기도 한다. Felder(2002)는 자연과학도들의 인지양식을 감각적/직관적(Sensing/Intuiting), 시각적/언어적(Visual/Verbal), 활동적/숙고적(Active/Reflective), 순차적/통합적(Sequential/Global)으로 나누고 있다. 이 가운데 가장 주목받는 인지양식은 장의존적 인지양식과 장독립적 인지양식이다. 장의존적인 사람은 전체 시각장에서 하나의 요소를 분리해 내지 않고 전체로서 하나의 유형으로 자각한다. 따라서 집단으로 일할 때 좋은 결과를 내고 사회적 정보를 더 잘 기억한다. 반면, 장독립적인 사람은 전체 유형의 각각의 부분들을 지각할 가능성이 많고 그 구성요소에 따라 유형을 분석한다. 따라서 수학, 과학, 분석적 능력은 우수하지만 사회적 상황에서는 비효율적일 수 있다. 따라서 각각의 인지양식에 맞는 학습전략을 적용해야 한다. 장의존형은 집단지향적이고 협동적인 학습상황, 정해진 형식이나 구조를 따르게 하는 상황, 제시된 형태나 구조에서 정보를 기억해야 하는 과제 등에서 유리하다. 이를 위해서는 정보에 집중하게 하고 기억해야 할 정보를 반복하게 하는 학습전략이 효과적이다. 이에 반해 장독립형에게는 문제해결 상황, 개념의 조직화가 요구되는 과제, 새로운 상황에 적용하기 등의 학습 상황이 바람직하다. 이를 위해서는 학습자료를 스스로 선택하게 하고, 정보를 찾고 확인하며 결과를 예측하고 추론하고 평가하게 하는 전략이 효과적이다. 정보를 입력하는 단계뿐만 아니라 동기화시키는 방법도 달라져야 한다. 장독립형인 경우는 점수를 통해서, 또는 자기 자신과의 경쟁, 즉 내적 보상을 독려하거나 과제의 유용성을 제시해 주고 스스로 활동을 선택하게 해 줌으로써 동기를 부여할 수 있다. 장의존형인 경우는 언어적 칭찬이나 상, 벌과 같은 외적 보상을 통해서, 또 과제의 윤곽과 구조를 제시해 줌으로써 동기를 부여해 줄 수 있다 (Jonassen & Grabowski, 1993).

성격유형에 따라 학습스타일이 다를 수 있다는 것은 상담자에게 가장 익숙한 내용일 것이다. 그 대표적인 예로 MBTI 성격유형에 따른 학습스타일은 단행본으로 소개될 만큼 많은 내용이 다루어지고 있다. U & I 학습유형 검사의 경우도 성격에 따른 학습스타일을 14가지로 진단하고 있는데 성격심리학자인 David Keirsey와 학습행동 연구자인 Diane Heacox의 연구를 바탕으로, 성격에 따라 학습에서 개개인이 보일 수 있는 행동양식을 종합하고 분류한 것이다. MBTI 및 U & I 학습유형에 관한 구체적 내용은 관련 자료를 참고하기 바란다.

5 학업 관련 장애

1. 학업 관련 장애 분류

DSM-Ⅳ(Diagnostic and Statistical Manual of Mental Disorders-Ⅳ Edition)는 미국 정신의학회에서 정신장애를 보다 신뢰성 있게 진단하고 분류하기 위해서 개발한 정신장애 진단 및 통계 편람이다. DSM-Ⅳ에는 다양한 정신적 · 심리적 문제들이 포함되어 있는데, 학업문제와 관련이 깊은 진단은 '유아기 · 소아기 · 청소년기에 흔히 처음으로 진단되는 장애(Disorders usually first diagnosed in infancy, childhood, or adolescence)'에서 찾아볼 수 있다.

* 이 장은 박승호 외(2003)의 『청소년 학업상담』 중 필자가 집필한 6장 '학업 관련 장애'를 근간으로 수정 · 보완한 것임

1) 정신지체(Mental Retardation)

18세 이전에 발병하고 지적 기능이 평균 이하(지능지수가 70 이하)이며 동시에 일반 적응 기능도 현저히 부족하거나 손상된 상태를 정신지체의 주요 진단 준거로 설정하고 있다. 정신지체는 가벼운 정도의 정신지체, 중간 정도의 정신지체, 심한 정도의 정신지체, 아주 심한 정도의 정신지체, 정도를 규정할 수 없는 정신지체 등 다섯 단계로 구분한다.

2) 전반적 발달장애(Pervasive Developmental Disorder)

전반적 발달장애는 발달이 전반적으로 느리고, 한계가 있을 뿐만 아니라 발달 자체가 비전형적이고 변형된 경우를 말한다. 흔히 아이가 1~2세가 되었는데도 말을 하지 않거나, 엄마가 안아 주려고 해도 안기지 않거나, 불러도 반응이 없고 눈을 마주치지 않거나, 혼자 놀거나, 주변 사람보다는 사소한 물건에 관심과 집착을 보이는 등의 행동을 보여 부모 또는 1차 양육자가 발견한다. 전반적 발달장애의 전형적 증상은 ① 대인 상호작용의 손상, ② 의사소통 및 상상행동의 손상, ③ 극도로 제한적인 행동과 흥미 등이다. DSM-Ⅳ에서는 전반적 발달장애에 자폐성 장애(전형적인 자폐증), 레트 장애, 소아기 붕괴성 장애, 아스퍼거 장애, 달리 분류되지 않는 전반적 발달장애(비전형적 자폐증 포함) 등 다섯 가지 장애에 대한 진단기준을 제시하였다.

3) 학습장애(Learning Disorder)

학습장애는 정상적인 지능지수를 보이고 정서적, 사회환경적인 문제가 없는데도 학업성취도가 떨어지는 장애인데, 학습과 관련된 뇌기능의 특정 영역이 결함을 보이거나 발육지연 또는 장애를 가지고 있는 경우다. 학습능력, 즉 듣기, 말하기, 읽기, 쓰기, 추론, 또는 산수 등의 능력 획득과 사용상의 주요한 곤란 등에 따라서 나타난 장애군이 학습장애인데, DSM-Ⅳ에서 정의하는 학습장애의 종류에는 읽기장애, 산술장애, 쓰기장애, 달리 분류되지 않는 학습장애가 있다.

4) 주의력결핍 과잉행동장애(ADHD: Attention-Deficit Hyper-activity Disorder)

주의력결핍 과잉행동장애는 같은 나이나 비슷한 발달 수준에 있는 다른 아이들에 비해 부주의, 산만함, 충동성 또는 과잉행동의 증상과 행동들이 더 자주 그리고 심하게 나타나는 장애로, 만 7세 이전에 시작하며 성인기까지 계속될 수 있다. DSM-Ⅳ에서는 복합형, 주의력결핍 우세형, 과잉행동-충동 우세형의 세 가지 ADHD 유형에 대한 진단 기준을 제시하였다.

정신지체

- 가벼운 정도의 정신지체
- 중간 정도의 정신지체

- 심한 정도의 정신지체
- 아주 심한 정도의 정신지체
- 정도를 규정할 수 없는 정신지체

전반적 발달장애

- 자폐성 장애(전형적인 자폐증)
- 레트 장애
- 소아기 붕괴성 장애
- 아스퍼거 장애
- 달리 분류되지 않는 전반적 발달장애(비전형적 자폐증 포함)

학습장애

- 읽기장애
- 산술장애
- 쓰기장애
- 달리 분류되지 않는 학습장애

주의력결핍 과잉행동장애

- 복합형
- 주의력결핍 우세형
- 과잉행동-충동 우세형

2. 학습장애

1) 학습장애에 관한 다양한 정의

'뇌손상'이나 '미세 뇌기능 이상(minimal brain dysfunction)'이라고 명명되던 증상에 대해 이들 용어가 내포하는 부정적 의미를 약화시킨 '학습장애(LD: Learning Disability)'란 용어를 처음 사용한 것은 1963년 미국 일리노이 대학교 교수였던 Samuel Kirk 박사였다(김동일 외, 2002). 학습장애라는 용어가 사용되기 시작한 이후 학습장애를 정의하는 여러 가지 다양한 접근이 있어 왔고, 현재까지도 학습장애 정의에 대한 논란은 계속되고 있다. 그 대표적인 예들을 통해 학습장애에 관한 개념을 보다 포괄적으로 이해할 수 있다.

(1) 미국 교육부(1977)의 정의

학습장애를 정의하는 다양한 접근 가운데 가장 고전적이고 전문가들로부터 가장 타당하다고 인정받는 정의는 1977년 미국 교육부가 정의한 것이라고 할 수 있다(Mercer, 1991). 이 정의는 인지기능의 결손, 학습기초능력(읽기, 쓰기, 셈하기)과 교과학습에 심각한 결손 또는 지체의 수반, 생물학적 문제, 학습결손이나 환경적 결핍에 따른 학습결손의 배제 등 네 가지 주요 구성 개념을 포함하는데 그 내용은 다음과 같다.

학습장애란 구어나 문어의 사용이나 이해와 관련된 기본적 인지기능의 장애를 말한다. 이 같은 인지기능의 장애는 듣기, 말하기, 읽기, 쓰기, 산수 등의 학습 기능 수행에 어려움을 초래한다. 학습장애는 지각장애, 뇌손상, 미세 뇌기능 장애, 난독증, 발달 실어증 같은 상태를 포함한다. 그러나 시각장애, 청각장애, 운동장애, 정신지체, 정서장애에 따른 학습결손, 또는 환경, 문화, 경제적 결핍에 따른 학습결손은 학습장애에 포함시키지 않는다.

(2) 특수교육 진흥법(1994)의 정의

우리나라에서는 1994년 특수교육 진흥법 법률 제4716호 제7항에 따라서 학습장애가 특수교육 대상자에 최초로 포함되었다. 시행령에 따르면, 특수교육 대상자를 '셈하기, 말하기, 읽기, 쓰기 등 특정한 분야에서 학습상 장애를 지니는 자'로 정하고 그 평가도구로 웩슬러 아동용 지능검사, 시지각 검사 등의 검사들을 제안하고 있다.

(3) 미국 장애아동 교육법 공법 94-142의 정의

학습장애에 대하여 많은 기관과 연구자들이 정의를 내렸으며 이에 대한 논란이 많으나 가장 널리 사용된 정의 중 하나는 미국 장애아동교육법 공법 94-142였다. 이는 미국교육부의 1977년 정의의 내용을 크게 벗어나지 않는데 다음과 같이 정의한다.

특정 학습장애는 구어나 문어를 이해하고 관련된 기본적인 심리학적 과정에서 한 가지 이상의 장애를 의미하며 이것은 듣기, 쓰기, 말하기, 읽기, 사고, 철자 사용 및 산수 계산 등에서 불완전한 능력을 나타낸다. 특정 학습장애에는 인지장애, 뇌손상, 미세 뇌기능 장애, 난독증, 발달상 실어증 등과 같은 장애를 포함한다. 이 용어는 1차적으로 시각, 청각, 운동장애, 정신지체, 정서장애, 환경, 문화 혹은 경제적인 결핍에 따른 학습문제 아동들을 포함하지 않는다.

(4) 교육학 사전(1994, 서울대학교 교육연구소 편)의 정의

교육학 사전은 정신지체, 정서장애, 환경 및 문화적 결핍과는 관계없이 듣기, 말하기, 쓰기, 읽기 및 산수 능력을 습득하거나 활용하는 데 한 분야 이상에서 심한 어려움을 보이는 장애라고 정의하였다. 이러한 장애는 개인에 내재하는 지각장애, 지각 · 운동장애, 신경체계의 역기능 및 뇌손상과 같은 기본적인 정보처리 과정의 장애 때문에 나타난다. 일반적으로 학습장애는 개인내 차, 즉 개인의 능력 발달에서 분야별 불균형이 나타나는 특징이 있다. 학습장애는 발달적 학습장애와 학업적 학습장애로 나누기도 한다. 발달적 학습장애는 학생이 교과를 학습하기 전에 갖추어야 하는 신체적 기능(주의집중력, 기억력, 인지기능, 사고기능, 구어기능)을 포함하고, 학업적 학습장애는 학교에서 습득하는 학습기능(읽기, 셈하기, 쓰기, 작문)을 포함한다. 학습장애의 출현율은 약 4%다.

(5) 미국 학습장애 합동위원회의 정의

미국 학습장애 합동위원회(NJCLD: The National Joint Committee on Learning Disability)의 정의는 학습장애에 대해 보다 명료하고 구체적인 정의인데, 특수교육 현장에 기여를 한 대표적인 정의다(Hammill, 1990). 여기서는 다음과 같이 학습장애를 정의하고 있다.

> 학습장애(LD)란 듣기, 말하기, 읽기, 쓰기, 추론 또는 산수 계산 등의 능력의 획득과 사용상의 주요한 곤란 등에 따라 나타난 이질적인 장애군을 지칭하는 일반적인 용어다. 이러한 장애들은 중추신경계의 기능장애에 기인하는 것으로 가정되며, 이는 생애 전반에 걸쳐서 일어날 수 있다. 자기조절적 행동, 사회지각 및 사회적 상호작용 등에서의 문제들이 LD와 공존할 수 있으나, 그러한 것들이 단독으로 LD를 만들어 내는 것은 아니다. LD는 다른 장애 조건들(감각적 결손, 정신지체, 심한 정서혼란)이나 외부적 요인들(문화적 차이, 불충분하거나 부적절한 교육)과 동시적으로 일어날 수 있지만, 이것들의 결과 때문에 LD가 발생한 것은 아니다.

2) 학습장애의 진단평가

학습장애의 진단은 부모(교사)면담, 신체검사(학습에 장해를 줄 수 있는 만성질환, 영양실조, 경련성 질환, 시력장애, 청력장애 등), 심리검사, 신경발달 평가, 심리교육 평가(학습성취도, 인지기능, 언어발달검사 등)를 통해서 할 수 있다. 그리고 학습장애

아동의 진단을 위해서는 개념적 수준의 정의를 바탕으로 한 합의된 지침이 필요하다. 지금은 교육적이고 발달적인 합의를 포함한 '기대치/성취 수준의 불일치' 지침이 교육적이고 치료적인 개입을 위해 제안되고 있다(김동일 외, 1995).

(1) 학습장애의 진단 기준(DSM-IV, American Psychiatric Association, 1994)

① **읽기장애**(Reading Disorder, dyslexia)

A. 읽기의 정확도 또는 이해력을 평가하기 위해 개별적으로 실시된 표준화 검사에서, 읽기 성적이 개인의 생활 연령, 측정된 지능, 그리고 나이에 적합한 교육에 비해 기대되는 정도보다 현저하게 낮다.

B. 기준 A항의 장애가 읽기 기술이 요구되는 학업의 성취나 일상생활의 활동을 현저하게 방해한다.

C. 만약 감각 결함이 있다면, 읽기장애는 통상적으로 감각 결함에 동반되는 정도를 초과해서 심한 정도로 나타난다.

② **산술장애 혹은 산수장애**(Mathematics Disorder, dyscalculia)

A. 개별적으로 실시된 표준화 검사에서, 산술 능력이 개인의 생활 연령, 측정된 지능, 그리고 나이에 적합한 교육에 비해 기대되는 정도보다 현저하게 낮다.

B. 기준 A항의 장애가 계산이 요구되는 학업의 성취나 일상

생활의 활동을 현저하게 방해한다.

C. 만약 감각 결함이 있다면, 산술 능력 장애는 통상적으로 감각 결함에 동반되는 정도를 초과해서 심한 정도로 나타난다.

③ 쓰기장애(Disorders of Written Expression, dysgraphia)

A. 개별적으로 실시된 표준화 검사(또는 쓰기기술 기능평가)에서 쓰기 능력이 개인의 생활연령, 측정된 지능, 그리고 나이에 적합한 교육에 비해 기대되는 정도보다 현저하게 낮다.

B. 기준 A항의 장애는 쓰기 능력(예: 문법적으로 올바른 문장과 체계적인 문단을 쓰는 것)이 요구되는 학업의 성취나 일상생활의 활동을 현저하게 방해한다.

C. 만약 감각 결함이 있다면, 쓰기장애는 통상적으로 감각 결함에 동반되는 정도를 초과해서 심한 정도로 나타난다.

(2) 기대치/성취 수준의 불일치

기대치/성취 수준의 불일치란 학업성취 검사의 점수에 근거한 아동의 읽기, 산수 또는 쓰기 능력에서 학년 수준과 아동의 학년과의 차이를 말한다. 예를 들면, 5학년 아동의 학업성취 검사 결과가 3학년 수준으로 나타났다면 그 아동의 학력 수준은 두 학년이 뒤진다고 말할 수 있다. 초등학생의 경우 'KEDI-기초학습기능검사, 기초학습기능 수행평가체제(BASA): 읽기

검사, 기초학습기능 수행평가체제(BASA): 수학검사' 등을 통해 진단이 가능하다.

다른 방법으로는 각 검사의 표준 점수를 비교하는 것이다. 이는 유의미한 차이에 대한 준거를 설정하는데, 예를 들면 학업성취 검사 점수와 능력 검사(주로 지능검사) 점수 간의 차이를 1표준편차 또는 2표준편차 정도로 정하고 있다. 이 방법에서는 통계적으로 엄격한 가정들을 만족시키지는 못하나, 진단 과정 및 보호자 이해의 용이성으로 학교나 상담실에서 많이 사용하고 있다.

3) 학습장애 개입전략

학습장애의 치료 및 상담에서 가장 중요한 것은 조기발견과 조기치료다. 치료(상담)의 목적은 학업을 본인의 능력에 맞게 효율적으로 수행케 하고, 학습장애에 따른 이차적 심리적 문제를 해결하는 것이다. 필요하다면 약물치료를 병행할 수 있고, 인지 · 행동치료 및 특수교육을 통해 각 아동 및 청소년에게 맞는 학습기술과 사회적 능력을 증진할 수 있게 도와주며, 이 과정을 통해 좌절감 극복과 긍정적인 자기경험의 기회를 할 수 있도록 돕는다. 또한 결함을 보완하는 데 초점을 두기보다 장점을 찾아내 발달시켜 준다는 자세로 학습에 대한 흥미를 유발시키는 것이 좋다.

(1) 심리적 문제의 상담

학습장애 아동의 대표적인 심리적 문제는 학습된 무기력이다(김동일 외, 2002). 학습된 무기력은 누적된 실패 경험에 따른 심리적인 좌절인데, 아동이 이를 극복할 수 있도록 개인상담이 실시되어야 한다. 아동이 현재 경험하는 무력감에 충분히 공감하면서, 학업에서의 성공경험을 통해 무력감에서 벗어날 수 있도록 도와야 한다. 학습 기술과 사회적 능력에서의 결함을 파악하여 상담자가 시범을 보이거나(modeling), 직접적인 지시, 피드백, 강화물을 사용하여 학습 태도를 변화시킨다. 주의력 결핍과 수반되어 학습에 어려움을 보이는 경우는 자기교수법 훈련(self-instruction training)이 효과적이다. 또한 아동에게 적합한 방식의 보충학습을 연계하고 그 효과를 점검할 필요가 있다. 상담자는 내담자가 학업과 관련된 어떤 문제라도 편안하게 얘기할 수 있고, 함께 해결책을 찾을 수 있는 진정한 조력자의 역할을 해야 한다.

그리고 아동을 지속적으로 지지해 주고 도와줄 수 있는 친구 또는 멘토와 연결해 주거나, 가족들이 지지체로 활용될 수 있도록 부모와 가족들에게 협조를 요청하는 것도 도움이 된다. 멘토는 아동과 비슷한 환경적, 심리적 경험을 가진 적이 있으나 현재는 성공적으로 자신의 일을 수행하는 주변의 상급학년의 학생이나 성인이 적합하다.

(2) 특수교육적 접근

학습장애아들의 경우, 이미 나타난 학업실패에 대한 보충이 필요하고, 일반적인 교수법으로는 제대로 배울 수 없는 특성 때문에 특수교육적 서비스 제공이 필수적이다. 특수교육에서는 무엇보다 철저한 개별적 관심과 지도가 핵심이다. '무엇을 가르칠 것인가?'와 '어떻게 가르칠 것인가?'를 동시에 평가하고 결정한 후, 개별화된 교수법(Individual Education Program)을 선정하여 접근하는 것이 필요하다. 학습장애아에게 제공하는 특수교육의 경우, 상담자는 직접적인 공급자가 되기보다는 아동에게 적합한 특수교육을 연결시키는 조정자의 역할을 하게 된다.

(3) 학습장애아 부모의 역할

학습장애아들은 학습에서의 실패로 부모로부터 점차 관심과 기대 밖의 대상이 되어 가기 쉽고, 이 때문에 학습장애아들의 어려움은 더욱 커진다. 학습장애아들의 부모는 이 점을 미리 알고 잘 대비해야 하는데, 자녀에게 적합한 학습방법을 찾아보고 적절한 교육 및 상담 서비스를 꾸준히 받을 수 있도록 해야 한다. 특히, 학습장애아들의 경우 그들의 장점과 자원을 충분히 활용하면 성공할 수 있는 영역이 얼마든지 있다는 것을 염두에 두고, 학습장애와 연관된 장점과 단점을 파악해야 한다. 또한 아동의 실패를 지나치게 자기 탓으로 돌리거나 자녀에 대한 기대가 좌절되면 불안을 느끼는 부모들이 있는데, 이러한 심리적 곤란을 부모 스스로 관리해야 한다. 이 부분은 상담자가 조력해야 할 중요한 문제이기도 하다.

(4) 의학적 처치

학습장애 외에 아동이 가진 신체질환이 학업에 부정적인 영향을 준다면 신체질환에 대한 적절한 치료가 선행되어야 학습능력을 증진시킬 수 있다. 특히, 학습장애의 원인이 주의력 결핍에 있는 경우는 약물치료도 가능하다.

3. 주의력결핍 과잉행동장애

1) 주의력결핍 과잉행동장애의 정의

주의력결핍 과잉행동장애(ADHD: Attention Deficient Hyper-activity Disorder)에 관한 정의는 '발육적으로 부적절한 주의력의 결핍이나 부족, 충동성과 과활동성과 이에 따른 증상들을 보여 주는 장애'다. 즉, 주의력결핍 과잉행동장애 아동은 크게 세 가지의 특징적인 증상을 갖는데, ① 집중력이 짧고 싫증을 잘 내는 부주의(inattention), ② 참을성이 적고 감정 변화가 많은 충동성(impulsiveness or behavioral disinhibition), ③ 심하게 움직이고 부산하게 돌아다니는 과잉행동(hiperactivity)이 주요 증상이다(Barkley, 1988). 1995년 한국보건연구원의 조사결과에 따르면, 10세 이하 아동의 8.6%가 주의력결핍 과잉행동장애를 가지고 있다. 미국의 경우는 학령기 아동의 약 3~5%가 주의력결핍 과잉행동장애를 가진 것으로 보고되었으며, 여아에 비하여 남아가 약 4~9배 더 많이 나타난다고 밝혀져 있다. 또한 미국의 경우, 학습장애를 가진 아동·청소년의 약 25~30%가 주의력결핍 과잉행동장애를 함께 가진 것으로 밝혀졌고, 아직 정확한 수치로 알려지지는 않았지만 우리나라에서도 주의력결핍 과잉행동장애와 학습장애는 함께 나타나는 경우가 많다.

(1) 부주의

주의력이 떨어지는 부주의한 아동은 어느 한 가지 일에 몰두하기 힘들고 몇 분만 지나면 지루함을 느끼기 시작한다. 자신이 즐기는 일에 대해서는 별 노력 없이 자동적으로 주의를 기울이지만, 주어진 과제를 조직하고 완성하거나 새로운 것을 학습하는 데 의식적인 주의를 기울이는 것은 어렵다. 예를 들면, 종종 준비물을 빠뜨리며, 공부를 할 때 마음이 다른 곳에 가 있거나 과제 수행이 상당히 고역이어서 결국 과제를 다 해내지 못하거나 실수투성이로 끝낸다.

(2) 충동성

충동적인 아동은 대개 즉각적인 반응을 억제하지 못하고 생각하기 전에 행동한다. 결국 적절치 못한 말을 불쑥 해 버리거나 잘 보지도 않고 차도로 뛰어들기도 한다. 이러한 충동성 때문에 자신이 원하는 것을 잘 기다리지 못하고 게임을 할 때 순서를 기다리기 힘들어 한다. 다른 아동의 장난감을 빼앗기도 하고 흥분하면 때리기도 한다.

(3) 과잉행동

과잉행동이 있는 아동은 항상 움직이며 가만히 앉아 있을 수 없다. 여기저기 돌아다니거나 끊임없이 말을 해서 수업시간에 가만히 앉아 있는 것이 거의 불가능하다. 의자에 앉으면 꼼지락거리고 발을 까딱거리거나 이것저것 만지거나 연필을 두드리기도 한다. 청소년이나 성인의 경우는 상당히 들뜬 느낌을 가질 수 있다. 안절부절못하는 것처럼 보이기도 하고 이리저리 뛰면서 여러 가지 일을 동시에 하려고도 한다.

DSM-IV의 주의력결핍 과잉행동장애(ADHD: Attention Deficit Hyperactivity Disorder) 진단 기준

① 주의력결핍 과잉행동장애, 복합형: 지난 6개월 동안 진단 기준 A(1)과 A(2) 모두를 충족시킨다.

② 주의력결핍 과잉행동장애, 주의력결핍 우세형: 지난 6개월 동안 진단 기준 A(1)은 충족시키지만 진단 기준 A(2)는 충족시키지 않는다.

③ 주의력결핍 과잉행동장애, 과잉행동 충동 우세형: 지난 6개

월 동안 진단 기준 A(2)는 충족시키지만 진단 기준 A1은 충족시키지 않는다.

A. (1) 또는 (2) 중에서

(1) 부주의에 관한 다음 증상 가운데 여섯 가지(또는 그 이상) 증상이 6개월 동안 부적응적이고 발달 수준에 맞지 않는 정도로 지속된다.

부주의

(a) 흔히 세부적인 것에 면밀한 주의를 기울이지 못하거나 학업, 작업, 다른 활동에 부주의한 실수를 저지른다.

(b) 흔히 일을 하거나 놀이를 할 때, 지속적으로 주의를 집중할 수 없다.

(c) 흔히 다른 사람이 직접 말을 할 때, 경청하지 않는 것으로 보인다.

(d) 흔히 지시를 완수하지 못하고 학업, 잡일, 작업장에서의 임무를 수행하지 못한다(반항적 행동이나 지시를 이해하지 못해서가 아님).

(e) 흔히 과업과 활동을 체계화하지 못한다.

(f) 흔히 지속적인 정신적 노력을 요구하는 과업(학업 또는 과제)에 참여하기를 피하고, 싫어하며, 저항한다.

(g) 흔히 활동하거나 과제를 하는 데 필요한 물건들(장난감, 학습과제, 연필, 책 또는 도구)을 잃어버린다.

(h) 흔히 외부의 자극으로 쉽게 산만해진다.

(i) 흔히 일상적인 활동을 잊어버린다.

(2) 과잉행동-충동성에 관한 다음 증상 가운데 여섯 가지(또는 그 이상) 증상이 6개월 동안 부적응적이고 발달 수준에 맞지 않는 정도로 지속된다.

과잉행동

(a) 흔히 손발을 가만두지 못하거나 의자에 앉아서도 몸을 움직인다.
(b) 흔히 앉아 있도록 요구되는 교실이나 다른 상황에서 자리를 떠난다.
(c) 흔히 부적절한 상황에서 지나치게 뛰어다니거나 기어오른다(청소년 또는 성인에서는 주관적인 좌불안석으로 제한될 수 있다).
(d) 흔히 조용히 여가 활동에 참여하거나 놀지 못한다.
(e) 흔히 '끊임없이 활동'하거나 마치 '자동차(무언가)에 쫓기는 것'처럼 행동한다.
(f) 흔히 지나치게 수다스럽게 말을 한다.

충동성

(g) 흔히 질문이 채 끝나기 전에 성급하게 대답한다.
(h) 흔히 차례를 기다리지 못한다.
(i) 흔히 다른 사람의 행동을 방해하고 간섭한다(대화나 게임에 참견한다).

B. 장해를 일으키는 과잉행동-충동 또는 부주의 증상이 7세 이전에 있었다.

C. 증상에 따른 장해가 두 가지 또는 그 이상의 장면에서 존재한다(예: 학교, 가정).

D. 사회적, 학업적, 직업적 기능에 임상적으로 심각한 장해가 초래된다.

E. 증상이 전반적 발달장애, 정신분열증, 또는 기타 정신증적 장애의 경과 중에 발생하지 않으며, 다른 정신장애(예: 기분장애, 불안장애, 해리성 장애, 또는 인격장애)로는 잘 설명되지 않는다.

2) 주의력결핍 과잉행동장애의 진단 과정

일반적인 ADHD 진단 과정은 아동의 놀이 관찰과 면담을 통해 증상과 역할 수행 정도를 평가하고, 부모와의 면담을 통해 병력 및 행동을 평가하며, 다양한 심리검사와 설문 등을 통해 심리 상태 및 주의력을 평가한다.

(1) 주의력장애 검사

컴퓨터를 이용하여 제시된 자극에 대한 아동의 반응을 반응 오류나 반응 시간 등을 자동적으로 측정하여 주의력에 문제가 있는지를 감별하는 검사다. 미국에서 개발된 TOVA(Test of Variables of Attention)를 주로 사용하다가, 2000년 한국판 주의력장애 진단 시스템(ADS: ADHD Diagnosis System)이 표준화(신민섭 외, 2000)되어 사용되고 있다.

(2) 부모 행동평정척도

아동의 문제행동에 관한 발달적 이상성을 결정하고 여러 상황에서 문제가 어느 정도 만연되어 있는지를 알기 위해 부모가 작성하는 체크리스트가 있다. 주로 사용되는 것은 질문지는 아동청소년 행동평가척도(K-CBCL, 오경자 외(1997), Achenbach (1991)의 CBCL의 한국판)와 Conners 부모평정척도-개정판(CPRS-R, Goyette, Conners, & Ulrich, 1978)이 있다.

K-CBCL와 함께 ADHD 평정척도와 가정환경 질문지(HSQ, Barkley, 1998)가 사용되는데, ADHD 평정척도는 가정에서 ADHD와 관련된 14개의 증상이 어느 정도 나타나는지를 기록하는 것이다. HSQ에 대한 부모의 반응은 행동문제가 발생하는 상황이 가정에서 어느 정도 되는지를 알려 준다.

(3) 지능검사 및 학력평가

그림지능검사, 웩슬러 아동지능검사 등을 실시하여 지능과 잠재력, 학습능력, 인지적인 장단점, 지능과 기능의 효율성에 대해 평가하고, 현재 학업성취의 수준과 학습장애 여부를 감별하기 위해 학력도 평가한다.

3) ADHD 개입전략

ADHD 아동 및 청소년을 위해서는 정서적 안정을 위한 개인상담, 언어장애 또는 학습장애가 동반된 아동을 위한 개별 언어치료와 학습치료, 부모와 아이 사이의 관계 개선을 위한 부모훈련 프로그램, 대인관계를 향상시키기 위한 사회성 증진 프로그램, 자기 자신을 통제하는 힘을 길러 할 일을 계획하고 실천하는 능력을 배양하기 위한 인지행동치료 프로그램 등 다양한 개입이 필요하다. 그리고 ADHD의 경우는 약물치료를 병행하는 경우도 많다.

(1) 행동수정

정적 강화에 기반한 몇몇 행동수정 프로그램들이 ADHD 아동 및 청소년의 교실 행동을 개선시킬 수 있다는 경험적 연구들의 예가 많이 있다. 선행연구에서 사용한 행동수정의 전략에는 행동계약의 사용, 문제행동에 대한 처벌이나 재지시를 수반하는 정적 강화, 학교에서의 행동에 영향을 주는 가정에서의 주의집중 환경의 사용 등이 있다(Barkley, 1998). 따라서 교실행동 변화 프로그램은 토큰 강화, 행동계약서, 반응비용, 정적 강화로부터의 타임아웃 등의 요소가 포함된다.

예를 들어, ADHD 아동의 주의집중 행동을 증가시키기 위한 행동수정 프로그램을 진행하려면, 우선 아동이 주의집중 행동을 많이 할 수 있는 환경을 조성해 주어야 한다. 환경이란 아동의 행동과 관련된 강화와 벌의 배치라고 할 수 있다. 산만한 행동에 대한 꾸중, 타이름, 벌은 오히려 아동의 산만한 행동을 증가시킬 뿐이다. 즉, 주의집중을 못하는 아동의 주의산만 행동을 감소시키고 주의집중 행동을 증가시키려면, 주의집중 행동은 강화하고 주의산만 행동은 무시하는 환경 조성이 필요

주의력결핍, 충동성 혹은/그리고 과잉행동성에 대한 교사의 불평

⇩

단계 I: 선 별

ADHD 증상에 대한 교사의 평정

⇩

단계 II: ADHD에 대한 중다측정

부모와 교사 면담
학교 성적 검토
행동평정척도
학교 행동 관찰
학업수행 자료

⇩

단계 III: 결과의 해석

ADHD 증상의 수
연령, 성별 준거를 기초로 한 이상성
발병 시기와 만성성
다양한 상황에의 만연성
기능장애 수준
다른 장애 요인 제거

⇩

단계 IV: 치료 계획 개발

다음을 기초로 치료 계획을 개발한다:
ADHD 증상의 심각성
행동에 대한 기능적 분석
관련 질병의 유무
기존 치료에 대한 반응
Community-based Resources

⇩

단계 V: 치료 계획 평가

측정 자료에 대한 간헐적 수집
치료 계획 수정

[그림 5] 학교에서 ADHD 평가의 5단계(DuPaul & Stoner, 1994)

하다. 그런 다음 아동이 주의집중 행동에 익숙해질 수 있도록 도와주어야 한다. 누구든지 잘하지 않던 행동을 처음부터 잘 할 수는 없다. 즉, 연습이 필요하다는 것이다. ADHD 아동의 공통된 특징은 주의집중을 할 수는 있지만 주의집중 시간이 너무 짧다는 것이므로 그 시간을 조금씩 연장시킬 수 있도록 교사나 부모가 아동을 도와주어야 한다. 우선 아동의 현재 주의집중 시간이 어느 정도인지를 파악하고, 그 수준에서 출발하여 서서히 주의집중 시간을 늘려 간다.

(2) 학습치료

ADHD의 여러 증상들은 학업에 지장을 초래하는 경우가 많고, 내담자의 학습 능력이 기대 수준에 미치지 못하고 있을 경우는 학습치료를 병행해야 한다. 특히, 기초학습기능(읽기, 쓰기, 말하기, 셈하기 등)에 대한 직접적인 처치가 필요하다. 또한 학업수행능력의 저하에 따른 낮은 학습동기 및 저하된 학습 흥미를 향상시킬 수 있도록 학업에 대한 성공감을 경험할 수 있게 해 주어야 한다. 일반적으로 ADHD 아동이 학급에서 겪는 곤란을 경감시키기 위해서는 다음과 같은 다중적인 예방 및 중재 접근을 포괄한다. ① 학급규칙, 반복되는 일과, 바람직한 교실 행동에 대한 적극적이고 지속적인 교육, ② 규칙, 일과, 교실 행동을 지원하는 점수 체계와 실천, ③ 학습 속도 향상을 위한 교과 교수법에서의 변화, ④ 읽기, 쓰기, 산수, 철자법 등 기초학습기능 향상에 대한 지속적인 점검, ⑤ 학습자료에 대한 정돈 및 학습에서의 능력 함양 지도 등이다(DuPaul & Stoner, 1994).

(3) 사회성 증진 프로그램

ADHD 아동 및 청소년들은 흔히 또래와 어울리고 다른 사람들과 친밀한 관계를 유지하는 데 어려움을 느낀다. 부주의, 충동성과 같은 문제는 많은 영역에서 이들의 '사회적 수행'을 방해하여 부적절한 사회적 행동 때문에 학교에서 따돌림을 받기도 하는 등 여러 가지 대인관계 문제를 겪는다. ADHD 아동의 사회성 증진을 위한 프로그램으로 대표적인 사례는 Guevremont (1990)의 사회성 훈련 프로그램이다. 이 프로그램은 ① 대인관계 기술과 인지적 행동훈련, ② 일반화를 위한 프로그램, ③ 전략적인 또래 참여라는 세 부분으로 구성되어 있다. 대인관계 기술 훈련 부분에는 사회적인 참여, 의사소통 기술, 갈등해결 및 분노조절 등의 네 가지 주요 기술 영역이 포함되어 있고, 획득한 대인관계 행동의 유지와 일반화를 조장하기 위한 직접적인 방법들로 구성된 일반화를 위한 프로그램으로 이어진다. 일반화를 위한 프로그램은 ① 집단원들이 역할연습으로 생산하는 실생활의 스케치를 이용하기, ② 모델링과 역할 연습을 통해 다양한 모범적 행동과 훈련 기회 갖기, ③ 자기감시와 자기강화법을 통합하는 과제 부과하기, ④ 이전훈련을 강화하고 확장하기 위해 정기적인 지지 회기를 갖기 등으로 구성된다. 마지막으로 프로그램에 또래를 참여시킴으로써 습득한 대인

관계 기술의 일반화를 촉진한다. 또래들은 역할 모델의 역할을 하거나 적절한 피드백을 제공함으로써 공동 치료자의 역할을 하게 된다.

(4) ADHD 아동의 부모역할 지침

ADHD 아동들이 주의집중 행동을 배우면서 학교 및 사회에 잘 적응할 수 있게 하기 위해 부모들은 다음과 같이 세 가지의 역할을 수행해야 한다. 첫째, 의도적으로 생활 공간 속에 구조를 만들어 주어야 한다. 산만하지 않게 환경을 조정하고 집중해야 할 과제에 대한 매력을 높여 준다. 예를 들면, 집이 조용할 수 있도록 커튼이나 카페트를 마련해 주고 항상 집안의 정리정돈에 노력을 기울인다. 아동의 주의를 분산시킬 수 있는 자극이 될 만한 것을 벽에 붙이는 일을 가능한 삼가고, 부모 자신이 침착하게 생활해야 한다. 과제는 짧은 시간에 끝낼 수 있게 부여하고 가능한 구체적으로 지시해야 한다.

둘째, 주의집중하는 노력에 대해 반드시 강화해 주어야 한다. ADHD 아동이 주의집중을 하려고 노력하더라도 주의력의 정도는 부모들의 기대에 미치지 못할 것이다. 그러나 조금씩 노력하는 과정을 통해 주의력을 획득하고 과잉행동을 줄여 갈 수 있도록 약간의 변화와 노력에도 강화를 주고 격려해야 한다. 결과보다는 시도 자체에 대한 보상을 하는 것이 중요하다는 점을 잊지 말아야 한다.

셋째, 가능한 규칙을 만들고 그 규칙을 일관성 있게 실행한다. 하루 일과를 가능한 정해진 시간에 일정하게 할 수 있게 해주고, 이러한 규칙적인 생활은 아동만이 아니라 부모나 다른 가족들도 함께 모범을 보여야 한다. 예를 들면, 식사시간도 규칙적인 것이 좋고, 가족 구성원들의 귀가시간 및 취침시간도 일정한 것이 ADHD 아동에게는 유리하다.

(5) 약물 치료

ADHD 아동들에 대한 약물 치료에서는 뇌 안의 특정 신경전달 물질(예: 도파민)에 효과를 나타내는 중추신경 흥분제를 주로 사용한다. 세 가지 주요한 중추신경계 자극제는 메틸페니데이트(리탈린), 덱스트로암페다민(덱스트린), 페몰린(사이러트)이다. 이 중에서 메틸페니데이트는 투약 치료를 받는 아동의 90%에게 투여되고 있을 정도로 가장 널리 사용되는 약이다. 이 세 가지 자극제 외에 다른 종류의 자극제는 그다지 효과적이지 않고, 임상적으로 사용되지도 않는다. 모노아민 옥시데이즈 억제제와 같은 항우울약도 임상적으로 ADHD와 관련된 문제에 효과를 보이는 것으로 밝혀졌으나, 이 억제제가 투여될 때는 정해진 식단을 따라야 하거나 여러 가지 약을 함께 복용하는 것이 제한되기도 한다. 무엇보다 중요한 점은 약물치료만 단독으로 시행하는 것은 장기적으로 큰 효과가 없으므로 ADHD 아동 개개인에 맞는 포괄적이고 다원적인 치료적 접근이 필요하다.

4. 전반적 발달장애(자폐성 장애)

1) 전반적 발달장애의 정의

전반적 발달장애는 발달이 전반적으로 느리고 한계가 있을 뿐만 아니라 발달 자체가 비전형적이고 변형된 경우를 말한다. 흔히 아이가 1~2세가 되었는데도 말을 하지 않거나, 엄마가 안아 주려고 해도 안기지 않거나, 불러도 반응이 없고 눈을 마주치지 않거나, 혼자 놀거나, 주변 사람보다는 사소한 물건에 관심과 집착을 보이는 행동 등을 보이는데, 부모 또는 1차 양육자가 발견한다. 전반적 발달장애에는 자폐성장애(전형적인 자폐증), 레트장애, 소아기 붕괴성장애, 아스퍼거장애와 달리 분류되지 않는 전반적 발달장애(비전형적 자폐증 포함)가 포함되는데 자폐성 장애가 가장 대표적이다.

자폐성 장애의 전형적 증상은 ① 대인상호작용의 손상, ② 의사소통 및 상상행동의 손상, ③ 극도로 제한적인 행동과 흥미 등이다. 대인상호작용의 손상이란 타인에게 관심을 보이지 않고 사람이 주는 자극에 반응하지 않는 것을 말한다. 부모(보호자)에게 안기거나 눈을 마주치는 등 신체적 · 사회적 접촉을 전혀 하지 않아 때로는 청각장애로 오인받기도 한다. 의사소통 및 상상행동의 손상이란 음성언어와 비음성언어 모두 장애를 보이는 것으로, 음성언어를 전혀 사용하지 않거나 사용해도 같은 말만 반복하거나 앵무새처럼 다른 사람 말을 따라만 하거나(반향성 언어장애) 대명사를 뒤바꾸거나(예: 나를 너로)

사물에 엉뚱한 이름을 붙인다. 또 아동기에 자연스럽게 하는 상징놀이나 상상놀이를 전혀 하지 않고 정형화된 동작을 반복하는 놀이를 한다. 극도로 제한적인 행동과 환경의 조그만 변화에도 소리를 지르는 등 심한 반응을 보이고, 어떤 특정 물건에 집착하여 그것만 가지고 놀거나 항상 가지고 다니는 것을 말하는데, 자전거 바퀴와 같이 반복적으로 움직이는 물체를 하루 종일 돌리는 것이 그 예다.

DSM-VI의 자폐성 장애 진단 기준

A. (1), (2), (3)에서 총 6개(또는 그 이상) 항목, 적어도 (1)에서 2개 항목, (2)와 (3)에서 각각 1개 항목이 충족되어야 한다.

(1) 사회적 상호작용에서의 질적인 장해가 다음 항목들 가운데 적어도 2개 항목으로 표현된다.

(a) 사회적 상호작용을 조절하기 위한 눈 마주치기, 얼굴 표정, 몸 자세, 몸짓과 같은 다양한 비언어적 행동을 사용함에서 현저한 장애

(b) 발달 수준에 적합한 친구 관계 발달의 실패
자발적으로 다른 사람들과 기쁨, 관심, 성공을 나누지 못한다(예: 관심의 대상을 보여 주거나 가져오거나 지적하지 못함).

(c) 사회적으로나 감정적으로 서로 반응을 주고받는 상호 교류의 결여

(2) 질적인 의사소통장애는 다음 항목들 가운데 적어도 1개 항목으로 표현된다.
(a) 구두 언어 발달의 지연 또는 완전한 발달 결여(의사소통의 다른 방법인 몸짓이나 흉내내기 등에 대한 보상 시도가 수반되지 않는다.)
(b) 적절하게 말을 하는 경우도 다른 사람과 대화를 시작하거나 지속하는 능력의 현저한 장애
(c) 무의미한 말이나 행동을 지속적으로 반복하는 상동증을 보여 반복적인 언어나 괴상한 언어를 사용
(d) 발달 수준에 적합하고 자발적이며 다양한 가상적 놀이나 사회적 모방놀이의 결여

(3) 제한적이고 반복적이며 상동증적인 행동이나 관심, 활동이 다음 항목들 가운데 적어도 1개 항목으로 표현된다.
(a) 강도나 초점에서 한 가지 이상의 비정상적인 상동증적이고 제한적인 관심에 집착
(b) 특이하고 비효율적인 틀에 박힌 일이나 의식에 고집스럽게 매달림
(c) 상동증적이고 반복적인 동작성 매너리즘 (예: 손이나 손가락으로 탁탁 때리기나 틀기, 또는 복잡한 몸 전체 움직임)
(d) 대상의 부분에 지속적으로 몰두

B. 다음 영역 가운데 적어도 한 가지 영역에서 기능이 지연되거나 비정상적이며, 3세 이전에 시작된다.
(1) 사회적 상호작용

(2) 사회적인 의사소통에서 사용되는 언어
(3) 상징 또는 상상놀이

C. 장애가 레트장애 또는 소아기 붕괴성장애로 잘 설명되지 않는다.

2) 개입전략

다른 만성질환들과 마찬가지로 장애를 최소화하면서 발달을 진전시키는 것이 치료의 기본 방향이다. 즉, 행동 증상을 경감시키고, 사회적 발달을 진전시키도록 하는 것으로 특수교육, 행동치료, 언어치료를 병행하는 통합치료를 한다. 자해 행동이나 감정 조절이 어려운 경우, 수면장애가 있는 경우 등에는 약물을 쓰기도 한다.

(1) 교육 프로그램

자폐성장애는 다른 정신과 질환과는 달리 어려서부터 나타나며 그 증상도 각기 달라서 정신과적 약물 치료에는 반응을 하지 않는다. 자폐성장애의 특성을 최소화시키면서 최대의 교육적인 효과를 얻으려는 노력이 계속되고 있다. 자폐성장애 아동에 대한 교육 프로그램을 꾸준히 개발해 온 Anderson 등(1987)은 다음 요소들을 자폐성장애 아동의 교육에서 활용하고 고려해야 한다고 제안하였다.

- **조기교육**: 가능한 한 가장 이른 시기에 교육을 제공하기 시작한다.
- **구조화된 교육**: 행동분석을 적용한 구조화된 교육을 제공한다.
- **부모 참여**: 아동과 부모의 개별적인 특성에 따라 부모를 교육에 참여시킨다.
- **집중적인 교육**: 교육시간, 교육환경의 다양성, 교육내용의 타당도, 구성된 교육을 강조한다.
- **일반화 프로그램**: 학습한 특정 기술이나 행동을 다양한 환경에 일반화시키도록 지도한다.
- **의사소통기술 교과과정**: 사회성 및 의사소통의 결함을 극복하기 위한 교과과정을 운영한다.
- **교사의 자질**: 자폐성 장애 아동의 이해와 교육에 대한 전문적인 훈련을 받은 교사들이 교육한다.
- **통합교육**: 사회성 발달의 결함을 극복하기 위한 정상적인 환경과 학습 기회를 제공할 수 있는 통합 환경에서의 교육을 포함한다.

자폐증을 가진 아동들은 학업에 지장을 받게 되고, 특히 낮은 지능과 동반된 자폐 아동의 경우 교육에서의 예후가 좋지 못하다. 반면 전반적 발달장애의 특별한 유형 중 하나인 아스퍼거장애(Asperger's Disorder) 아동은 사회적 기술의 발달과 행동에 문제를 가지고 있지만, 전반적인 기능에서 자폐성장애

아동보다 높은 수준을 보이고, 높은 지능 덕분에 많은 아스퍼거장애 아동들이 성공적으로 고등학교를 졸업하고 대학에 진학하고 있다.

자폐성장애 아동에 대한 특수교육 계획은 다른 장애 아동과 마찬가지로 아동의 약점과 강점을 동시에 고려한 개별화 교육계획을 세워 실시한다. 특히, 자폐 아동의 교육에서는 고도로 구조화된 상황에서 학습을 극대화할 수 있다고 한다.

(2) 부모교육 및 상담

자폐성장애 아동의 부모에 대한 교육과 상담도 상담자가 다루어야 할 중요한 과제다. 자폐 장애를 가진 아동의 부모들은 자녀의 장애를 발견하면서부터 다양한 단계의 심리적 적응 과정을 거친다. 많은 부모들이 자녀 때문에 성공적인 적응 과정을 거쳐 결국 더욱 성숙한 생활을 하게 되지만, 그 과정은 결코 순탄하지 못하다. 자폐성 장애 아동의 부모들은 자녀가 어떻게 장애를 극복할 수 있는지, 자녀 때문에 손상된 가족관계를 어떻게 극복할 수 있는지, 자녀의 장래를 어떻게 보장해 줄 수 있는지 등에 대해 알고 싶어한다. 따라서 상담자는 부모의 어려움을 이해하고 극복 과정을 도울 뿐만 아니라, 자폐성장애에 대한 지식을 부모들에게 전달할 필요가 있다. 궁극적으로 부모가 자녀의 적응의 중요한 조력자로서의 역할을 할 수 있도록 도와야 한다.

5. 기타 장애에 대한 일반적 개입전략

지금까지 살펴본 학업과 밀접하게 관련되는 학습장애, ADHD, 전반적 발달장애 외에도 학령기에 나타나는 장애 가운데 학습에 지장을 초래하는 경우는 여러 가지다. 정서장애, 품행장애, 틱장애, 언어장애 등을 가진 아동・청소년들이 겪는 학습부진은 치료의 일차적인 관심이 되지 않는 경우가 많지만 전문적 개입이 필요한 중요한 문제다. 여기서는 이러한 장애를 가진 내담자들을 만나는 상담자들이 알아야 할 필수 사항들을 간략히 정리하고자 한다.

1) 내담자 이해

장애의 특성에 따른 내담자의 특성을 이해하는 것과 더불어, 개인의 차이가 장애에 따른 차이보다 크다는 것을 잊어서는 안 된다. 즉, 상담자는 내담자의 장애에 따른 차이를 개인차의 영역 내에서 이해할 수 있어야 한다. 그리고 상담자는 각 장애의 발달양상에 대한 충분한 지식을 가지고 장애를 가진 아동・청소년이 경험하는 곤란과 자신을 실현해 나가는 과정의 독특성을 이해할 수 있어야 한다. 이러한 이해를 바탕으로 상담자는 자신이 제공할 수 있는 도움은 어떤 것이고, 의뢰 과정을 통해 제공해야 할 서비스가 무엇인지 판단하고 조정하는 역할을 수행할 수 있을 것이다.

2) 상담 과정

장애를 가진 아동 · 청소년 또는 그들의 부모와의 상담도 일반 상담의 과정을 따른다. 즉, 촉진적 관계형성, 문제에 대한 규정, 상담의 구조화, 상담목표 설정, 개입, 평가 및 종결의 과정을 거치게 된다. 주의집중, 무조건적 존중, 공감적 이해, 진실성 등의 촉진적 관계형성의 원리가 장애를 가진 내담자라고 해서 달라지는 것은 아니다. 다만 장애를 가진 아동 · 청소년들과의 상담에서는 추상적인 언어보다는 구체적인 언어를, 정교한 언어보다는 간결하고 명료한 언어를 사용하고, 놀이나 그림을 통한 투사적 방법을 보다 많이 사용한다. 또 문제에 대한 규정을 정확히 하려면 다각적인 정보 수집이 필요하며 내담자가 호소하는 문제에 대해 경청하는 것은 물론이고, 심리검사, 부모 및 교사의 관찰기록, 성장기록, 병력, 장애의 특성 등에 근거하여 문제에 대한 종합적인 이해를 해야 한다. 목표를 설정할 때는 되도록 구체적이고 실현 가능한 목표를 세워야 하는데, 내담자가 직접 표현하고 이해하는 형태의 목표가 가장 바람직하고, 내담자가 표현할 능력이 되지 않는 경우 부모, 교사, 상담자가 협의한다.

3) 개입의 방법

장애를 가진 아동 · 청소년의 상담에서는 내담자뿐만 아니라 부모와 교사도 함께 고려해야 한다. 이는 장애를 가진 아동·청소년들의 부정적인 자아개념, 부적절한 학업행동, 좌절감, 불안 등에 대한 중요 타인들의 영향력이 일반 아동들에게 미치는 영향보다 크기 때문이다. 부모와 교사에게 아동이 가진 문제의 특성, 의사소통 방식, 상담 방법을 이해시키고 그들이 아동과 건강한 관계를 맺고 적절한 개입을 할 수 있도록 조력하는 것이 상담의 필수 요소가 된다. 그리고 상담자는 교사, 부모, 기타 관계자와 함께 사례평가 회의를 열어서 아동의 문제에 대한 정의, 개입의 영역, 방법 등을 합의하고 역할을 나누어야 하고, 이 모든 과정을 조정하고 관리해야 한다.

장애를 가진 아동·청소년에 대한 상담은 절충적이고 다양한 방법이 적용될 필요가 있다. 상담자는 면접과 같은 전통적인 상담 방법만이 아니라 놀이, 오락 활동, 음악, 미술 등 아동에게 맞는 여러 방법을 적용할 수 있다.

6 개입전략

학업상담의 궁극적인 목적은 내담자가 학업에 몰두하여 지금까지의 학업실패를 회복하는 데 있다고 할 수 있다. 이를 위해 상담자는 무엇보다 내담자가 학업에 보다 더 많은 노력을 기울일 수 있도록 도와야 한다. "학생의 본분은 공부니까 공부를 해야지." "노력을 하지 않고 무엇을 하겠니?" "너보다 공부 잘하는 ○○는 얼마나 열심히 하는데, ○○보다 더 열심히 해야 따라가지."라는 당위적인 말로 내담자의 노력을 이끌 수는 없다. 지금까지 부모나 교사가 이런 '잔소리'로 내담자를 변화시키지 못했기 때문에 내담자가 상담실을 찾은 것이다. 학업이 자신에게 주어진 중요한 일이고, 노력을 기울이는 것이 자신이 할 일이라는 것을 잘 알고 있으면서도, 공부할 마음이 생기지 않고 자꾸만 도망가게 되는 것이 대부분의 내담자가 처한 상황이다. 이 장에서는 내담자가 학업에 좀 더 관심을 기울이고 좀 더 노력하도록 도와줄 수 있는 방법을 소개하고자 한다. 다음에 정리한 기법들은 어떤 특정 이론에 근거를 두고 있다기보다는 필자의 상담 경험에서 비교적 성공적이었던 전략들이다. 그리고 상담자들에게 익숙한 불안 다루기, 대인관계 개선, 정체감 형성 등과 관련된 기법들은 따로 정리하지 않고, 학업상담에서 고유하게 활용하는 기법에만 초점을 두었다.

1. 현재 성취 수준에 대한 수용 촉진

지능에는 개인차가 존재하고, 그 개인차는 학업성취에서의 차이로 나타난다는 것은 학업성취도의 결정요인에서 살펴보았다. 앞서 언급했던 것처럼 현재 내담자가 가진 능력에 비해 높은 성취를 하고 있거나 적절한 수준의 성취를 하는 경우라면 학업성취도의 향상보다는 현재의 성취 수준을 인정하는 태도가 더 중요한 목표가 된다. 이 경우 성적 향상은 내담자 자신이 원하는 것이기보다는 부모의 지나친 기대인 경우가 많다. 즉, "우리 아이가 초등학교 때는 항상 반에서 1등을 했는데 중학교에 와서 갑자기 성적이 떨어져서 걱정이에요." "머리가 나쁜 것 같지는 않은데, 우리 아이는 통 노력을 하지 않아요." "조금만 더 해 주면 우리 애는 문제가 없는데, 저렇게 태평해요."라는 부모들의 호소가 대부분 여기에 해당한다. 부모의 기대가 벅차기는 하지만 부모로부터 인정받고 싶은 내담자들은 부족한 자신의 능력에 대해 불만을 갖게 되어 결국 자기존중감도 낮아진다. 나름대로 온갖 노력을 하고 있지만, 기대에 미치지 못하는 악순환이 계속되면 오히려 공부에 흥미를 잃고 학업을 게을리하게 될 수도 있다.

이러한 경우는 우선 부모의 기대가 내담자에게 벅차다는 것을 객관적 근거와 함께 부모에게 알려야 한다. 부모에게 자녀의 현재 능력으로 성취할 수 있는 한계를 통보한다는 것은 매우 부담스러운 일이다. 부모들이 자칫 자녀에 대해 포기하라는 의미로 받아들일 수도 있기 때문이다. 따라서 현재 자녀가 최선을 다하고 있다는 사실을 알리고 이 점을 인정하고 잘 유지하도록 돕는 것이 내담자의 능력을 신장할 수 있는 가장 좋은 방법이라는 점을 설명해야 한다. 무조건 높은 목표를 세워 압박하는 것은 실력 향상이나 잠재력 계발에 오히려 역효과를 초래할 수 있다는 것을 부모가 이해할 수 있도록 충분히 이야기를 나누어야 한다. 현재 성취 수준을 수용한다고 해서 부모가 도울 부분이 없어지는 것은 아니다. 따라서 현재 수준을 잘 유지하고 조금씩 나아가도록 꾸준히 도울 부분에 대한 조언도 반드시 뒤따라야 한다.

다음으로 내담자가 현재 자신의 성취 수준에 대해 어떤 판단을 내리고 있는지 들어 본다. 학업문제로 상담실을 찾는 대부분의 청소년들은 부모와는 달리 자신의 능력에 대해 지나치게 낮게 평가하고 있다. 또한 현재 자신이 보는 성취 수준에 대해서도 그 가치를 낮게 말하곤 한다. 예를 들면, "그 정도는 학원 다니면 누구나 하죠." "전 공부에는 재능이 없어요." "저보다 똑똑한 애들이 많아요." "제가 봐도 제가 참 한심해요." 등으로 자신의 현재 성취와 능력에 대해 낮게 얘기하는 경우가 적지 않다. 이런 내담자에게 가장 먼저 개입해야 할 부분은 현재까지 내담자가 이룬 성취에 대한 자부심을 심어 주는 것이다. 이는 '1등이 아니면 모두 실패자'라는 내담자의 생각을 변화시켜, 최선을 다해 노력한 결과에 대해 스스로를 칭찬하고 그만큼 해낸 것도 훌륭한 일임을 알아차리게 하는 과정이다. 자신의 성취에 대한 가치 판단과 그 배경이 되는 신념은 오랫동안의 경험을 통해 공공화된 것이므로 상담자의 한마디로 변화시키기는 무척 어려운 과정이다. 자기 자신을 바라보는 자아개념과 세상을 바라보는 세계관 속에 붙박혀 있는 이러한 생각들을 변화시키기 위해 인지적 재구조화를 위한 여러 가지 기법을 적극 활용하기 바란다.

2. 선수학습의 개선

내담자에게 기초학습능력이나 선행학습에 결손이 있었다면 무엇보다 결손된 기초학습능력이나 선행학습을 보충해야 한다. 그러나 상담자가 기초학습능력이나 선행학습의 개선 자체를 도와주기에는 한계가 있다. 그러므로 상담자는 기초학습능력의 결손이나 선행학습의 결손을 확인하고, 이를 내담자에게 알리고 어떤 방법으로 보완할 것인지에 대한 대안찾기 과정을 도와야 한다.

기초학습능력이나 선행학습의 결손 여부를 확인하기 위해

서는 앞서 소개한 표준화 검사를 활용할 수도 있고, 이전 학업성취도의 그래프를 그려서 성적이 떨어진 시기를 전후하여 학습결손을 확인하는 방법도 있다. 최근 증가한 조기유학 또는 어학연수 시기도 반드시 확인해야 하는데, 대부분의 경우 조기유학이나 어학연수 시기에 학습결손이 발생하기 때문이다.

기초학습능력이나 선행학습의 결손이 확인되면, 이 시기의 학습부터 보충해 나가야 하는 이유를 내담자에게 주지시키고, 이러한 상황을 수용할 수 있도록 돕는다. 예를 들어, 중학교 2학년인 내담자가 초등학교 6학년 국어부터 다시 공부해야 한다는 사실을 받아들이기는 쉽지 않다. 특히, 이 사실을 부모에게 알려야 하는 부담감과 친구들에게 알려지면 수치스러울 것 같은 불안감을 느낄 수 있다. 또 결손된 학습만 보충하는 것이 아니라, 현재 학교를 다니면서 학습할 내용도 성공적으로 습득해 나가야 하기 때문에 내담자가 더 많은 노력을 기울여야 하는 부담감도 크다. 상담자는 이러한 내담자의 마음을 공감해 주고, 극복해 나갈 수 있는 동기를 불어넣어 주어야 하며, 부모를 직접 만나 지지자가 되어 주도록 도와야 한다.

학습결손은 스스로 해결할 수도 있지만, 다른 사람의 도움을 받아야 할 수도 있다. 경우에 따라서는 사교육의 도움을 받아야 하는데, 부모의 경제적 지원이 필수적이다. 사교육의 도움을 받는다고 해서 상담자가 할 일이 끝나는 것은 아니다. 새롭게 시작한 학업이 내담자에게 잘 맞는지, 하면서 어려움은 없는지, 어떻게 하면 어려움을 해결할 수 있을지 등을 계속 점검하여 선행학습의 결손을 보충할 수 있도록 돕는다.

3. 성공경험 확대하기

학습부진아들은 대부분 반복적인 실패로 심한 좌절상태에 있고, 학업에 대한 자기효능감이 매우 낮아 '나는 해도 안 돼.'라고 생각하면서 학업을 외면한다. 이러한 부정적 자아상을 변화시키고 학업에 좀 더 전념하기 위해서는 실제 학업에 노력을 기울이고, 그 노력이 성공으로 이어지는 경험을 해 보아야 한다. 상담자는 내담자가 학업에서 성공을 경험할 수 있도록 조력해야 한다.

1) 목표를 낮게 잡아 성공경험 늘리기

학생들에게 포부를 높게 가져야 자신의 잠재력을 발휘할 수 있다는 얘기를 많이 하지만, 모든 학생들에게 도움이 되는 말은 아니다. 너무 높은 목표는 자칫 자포자기하게 하여 오히려 실제 성취할 수 있는 것보다 더 낮게 성취하는 결과를 초래할 수 있다. 대부분의 학생들은 조금만 노력하면 도달할 만한 목표에는 도전하지만, 너무 많은 노력이 필요하거나 노력해도 도달하기 어려워 보이는 목표에는 도전하지 않는다.

상담자는 내담자와 함께 다음에 도달할 적절한 학습목표를 설정해야 한다. 처음 목표는 현재의 성취 수준을 유지하는 것에 두라고 권하고 싶다. 그래야 상담자와 처음 세운 목표를 성취할 수 있고, 성공을 경험해야 다음 단계로 나아가고 싶은 마음이 생기기 때문이다. 현재의 성취 수준을 유지하는 것에 성공했다면, 그 다음에는 아주 조금 나아진 상태를 목표로 정한다. 내담자로 하여금 목표를 정하게 하는 것이 바람직하지만, 내담자가 너무 높은 목표를 제안한다면 낮은 목표로 수정하도록 돕는다. 예를 들어, 현재 국어 점수가 50점이라면 다음 목표는 55점 정도가 적합하다. 50점, 55점이 마찬가지 점수라며 80점을 목표로 세운다면, "55점을 거치지 않고 80점으로 가는 것은 다리가 없는 강을 건너는 것과 같다."라고 얘기해 주면서 목표를 낮추어야 한다. 55점을 목표로 했는데 80점을 받는다면 정말 좋은 일이지만, 80점을 목표로 했는데 55점을 받는다면 분명히 나아졌음에도 불구하고 실패했다고 지각할 것이다.

자신에 대한 기대가 높은 내담자는 낮은 목표를 세워 도전하는 과정에 동기화되지 않는다. 특히, 학업성취도가 자신의 자아개념의 큰 부분을 차지하는 학업우수아라면 성취한다고 해서 자신의 자아상이 별로 달라질 것이 없어 보이는 목표에 대해서는 도전감이 생기지 않을 것이다. 그들은 괜찮아 보이는 목표는 너무 높아서 행동을 동기화하지 못하고, 작은 목표는 할 수 있을 듯 하지만 성취해도 아무 소용이 없을 것 같아 역시 행동을 동기화하지 못하는 모순에 빠져 있다. 이러한 경우, 상담자는 가장 먼저 내담자가 이러한 자신의 모습을 객관적으로 볼 수 있도록 도와야 한다.

일반적으로 학교에서는 한 학기 동안 중간고사와 기말고사라는 두 번의 평가만 있어서, 목표를 세우고 도달하는 데 시간이 많이 걸린다는 단점이 있다. 따라서 상담자는 학교의 중간고사와 기말고사 이외의 평가 계획을 세워야 한다. 예를 들면, 각 교과의 형성평가(예: 쪽지시험, 퀴즈, 수행평가 등), 학원이나 과외에서의 평가, 문제집과 같은 학습교재의 평가문항 등을 활용할 수 있다. 또는 점수라는 지표가 아닌 학습량이나 학습태도와 같은 다른 지표를 통해 목표를 세우고 성취해 나가는 경험을 할 수 있도록 돕는 것도 방안이 될 수 있다. 어떤 것을 지표로 선택하든지 작은 목표를 자주 세워서 성공경험의 빈도를 늘려 주어야 한다.

2) 잘하는 것을 더 열심히 하여 성공경험 늘리기

학습부진을 호소하는 내담자들 가운데 영역 간 학업성취도 편차가 큰 경우가 있다. 대부분 이런 내담자나 부모는 학업성취도가 가장 낮은 과목이나 영역 때문에 고민하고 그것을 개선하기 위해 어떤 노력을 기울여야 하는지에 대해 조언을 구한다. 그러나 성취도가 낮은 영역에 초점을 둔 접근은 내담자에게 실패감을 안겨 줄 가능성이 크기 때문에 지양하는 것이 좋다. 그리고 이 영역에서의 지속적인 실패는 다른 영역이나 과목의 성취에도 영향을 미쳐 결국 전반적인 학업성취 수준이 떨어지는 악순환을 겪게 된다.

노력을 해도 성취 수준이 나아지지 않는 과목에 대한 관심을 조금 줄이고, 잘하는 것을 더 열심히 해서 일단 성공경험부터 늘리는 것이 중요하다. 어떤 영역에서든지 성공을 하면, 학업에 대한 태도도 달라지고 동기도 높아져서 학업에 더 열중하게 된다. 역시 자신이 잘하는 영역에 노력이 집중되겠지만, 전반적인 학업수행 시간의 증가로 결국 잘하지 못하는 영역이나 과목에 대한 노력이 자신도 모르는 사이에 증가하게 된다. 노력이 증가하기 때문에 학업성취도가 향상되는 선순환을 하게 된다. 그리고 성공경험으로 자신감이 생겨 부족하고 잘되지 않는 부분에 조금 더 노력을 기울이는 단계로 넘어가면, 실패를 하더라도 잘 견딜 수 있다.

이렇게 잘하는 영역에 먼저 노력을 기울이게 하기 위해서는 상담자의 언어적 설득이 선행되어야 한다. 우선 학습과제에 따라 내용을 습득하는 속도나 용이성이 사람에 따라 다를 수 있다는 것을 알리고, 자신의 불균형을 받아들이도록 해야 한다. 그 다음에 잘하는 것을 왜 더 열심히 해야 하는지를 설명하는데, 필자는 그물코 잡아당기기에 비유하여 내담자를 설득하곤 한다. "한 그물코를 잡고 위로 올리면 그물 전체가 위로 올라오지만, 한 그물코를 잡고 아래로 끌어내리면 그물 전체가 아래로 내려갑니다. 마찬가지로 성적도 한 과목의 성적이 올라가면 따라서 다른 과목도 올라가는데, 한 과목이 내려가면 따라서 다른 과목도 내려가죠. 그렇다면 어느 과목이든 한 과목의 성적을 올리면서 전체 성적을 올리는 것이 승산이 있지요. 어느 과목의 성적이 가장 올리기 쉬운지 한번 생각해 볼까요?" 이때 아동 내담자의 경우는 그림을 그려서 설명하면 더 쉽게 이해한다.

3) 성공경험을 내면화하기

계속 학업에서 실패를 하던 학습부진아들에게 성공경험을 갖게 하는 목적은 지금껏 계속된 학습부진에 따른 학습된 무기력 상태에서 벗어나 학업이라는 과제에 대한 도전감을 되찾게 하기 위한 것이다. 또한 성공경험을 통해 나도 할 수 있다는 효능감을 증가시켜 학습동기를 높이는 것이 목적이다. 귀인이론에서는 학습부진아들이 학업에서의 성공을 어디에 귀인하는가에 따라 효능감을 높여 줄 수도 있고, 그렇지 않을 수도 있다고 하였다. 따라서 상담자는 학습부진 내담자가 성공을 경험할 수 있도록 도울 뿐만 아니라, 성공경험에 대해 어떻게 생각하는지 확인하고, 학습동기를 높여 실제 학업에 도움을 받을 수 있도록 해야 한다. 나아가 학업에서의 성공을 통해 성취 자체에서 오는 기쁨과 새로운 것을 알아가는 과정의 즐거움, 학업을 통해 성장하는 자신을 발견하는 등을 체험하게 하여 내적 동기를 높여 주어야 한다.

4. 학습전략 습관화하기

학업과 관련된 개입전략 가운데 현장에서 가장 빈번히 사용되는 것 중 하나는 '학습전략 프로그램'이다. 필자도 학습전략 프로그램을 개발하거나 실제 내담자들을 대상으로 프로그램을 실시한 경험이 있지만, 기대한 만큼 성공적이지는 않았던 기억이 있다. 선행연구를 통해 중요하고 효과적인 학습전략으로 프로그램을 구성했고, 프로그램을 진행하는 과정에서 관찰된 학생들의 반응도 긍정적이었지만 그들의 학습전략을 변화시키고 이후 학업성취를 향상시키는 데까지는 이어지지 않았다. 이것은 많은 학습전략 프로그램 진행자들이 공통적으로 느끼는 현상이기도 하다. 그 이유는 크게 두 가지로 생각해 볼 수 있는데, 이것은 학습부진아를 상담할 때 반드시 고려해야 할 사항들이다. 첫째, 학습전략을 개인의 학습스타일에 맞게 개별화하여야 하며, 둘째, 새로운 학습전략의 습득을 위해서는 습관화가 될 때까지 반복 연습이 필요하다는 것이다.

앞 장에서 살펴본 학습전략의 일반 원리를 개인에게 적용하는 과정에서 개인차가 충분히 고려되지 않을 경우, "그렇게 하면 참 좋다는 건 알지만 전 잘 안 돼요." "역시 전 안 되나 봐요."라는 느낌을 주기 쉽다. 예를 들어, 시간관리가 잘 안 되는 내담자의 시간관리 능력을 향상시키기 위해 시험기간 중 학습시간을 배치하는 과정을 가정해 보자. 평균적으로 학생들이 어떤 한 과제에 집중하는 데 걸리는 시간은 10분 정도이며 어떤 과제에 계속 집중할 수 있는 시간은 1시간 정도다. 그러나 어떤 학생들은 지적 순발력이 높아서 과제에 빨리 집중하는 반면 오랫동안 집중하기는 어렵고, 어떤 학생들은 지적 지구력이 높아서 과제에 오래 집중할 수 있지만 새로운 과제에 집중하는 데 걸리는 시간이 상대적으로 길다. 물론 과제에 빨리 집중하고, 한번 집중하여 오래 지속할 수 있다면 가장 좋겠지만 두 가지를 모두 갖기란 쉽지 않다. 따라서 혼자 공부하는 시간을 배치할 때 지적 순발력이 높은 학생들은 자투리 시간을 활용하여 학습 시간의 단위를 짧게 구성해야 하는 반면, 지적 지구력이 높은 학생들은 활동별로 크게 묶어 학습 시간의 단위를 길게 구성해야 한다. 자투리 시간도 잘 활용하고, 동시에 한나절 또는 하루 종일을 꾸준히 공부하는 것은 매우 어렵다. 즉, 내담자의 특성에 따라 시간표를 만들 때부터 시간을 구분하는 단위가 서로 다를 수 있다. 물론 지적 순발력이 있는 학생들은 서서히 주의집중 지속 시간을 늘려 가는 노력이 필요하고, 지적 지구력이 있는 학생들은 집중하는 데 걸리는 시간을 서서히 단축시키는 노력이 필요하지만, 출발점에서는 자신의 주의집중 유형에 맞는 시간표 작성이 필수적이다. 이와 같이 학습전략의 원리를 적용할 때는 내담자의 특성에 맞도록 재구성하는 맞춤형 접근이 필요하고, 이를 위해 내담자의 학습스타일을 파악하는 일이 선행되어야 한다.

다음은 학습전략의 습관화 문제다. 내담자는 상담자를 만나기 이전에 여러 해 동안 공부를 해 왔고, 일상생활에서 지식을 습득하던 방식과는 달리 스스로 지식을 내면화하기 위한 별도의 노력을 필요로 하는 시기부터 나름대로의 학습전략을 가지고 있다. 자신이 사용해 온 학습전략의 효과와 상관없이 지금까지 해 오던 방식에 익숙하기 때문에, 새로운 학습전략을 소개받는다고 해서 지금까지의 방식을 버리고 새로운 것을 바로 대치할 수는 없다. 성격상담에서도 상담을 통해 상황을 새롭게 조망해 보았다고 하더라도 예전에 하던 방식으로 상황을 인식하기 쉽고, 새로운 방식으로 상대방을 대해 보겠다고 상담 시간에 다짐을 하지만 정작 그 상황에서는 시도해 보지 못하는 내담자를 매번 관찰한다. 이처럼 오랫동안 몸에 밴 습관을 바꾸기란 쉽지 않고, 새로운 습관이 형성될 때까지 상담자의 도움이 필요하다는 것을 상담자들은 잘 알고 있다. 내담자가 효과적인 학습전략을 습득할 수 있도록 도우려면, 우선 내담자가 지금까지 어떤 학습전략을 사용했는지를 파악해야 한다. 그 가운데서 앞으로도 계속 사용할 수 있는 학습전략을 찾아보는데, 이는 전혀 새로운 것을 시도하는 것보다는 이미 가지고 있는 행동의 빈도를 높이는 것이 보다 효과적이기 때문이다. 내담자가 이미 사용하던 효과적 학습전략의 사용 빈도가 높아지면, 이것을 조금 더 발전시키거나 유사한 학습전략의 습득 단계로 나아간다. 어떤 학습전략부터 배워 나갈 것인지의 우선순위도 내담자에 맞게 결정하고, 하나의 학습전략이 충분히 습득될 수 있도록 적용해 보고, 그 효과와 장애 요인을 평가해 보면서 새로운 대안을 시도하는 과정을 반복해야 한다. 또한 개인상담이 아닌 집단상담의 형태로 학습전략 프로그램을 운영한다면, 학습전략을 자신의 학습과정에 적용해 보면서 겪은 성공경험과 좌절경험을 집단 구성원들과 서로 나누는 과정이 많은 도움을 준다. 따라서 학습전략 프로그램을 구안할 때는 구조화된 프로그램 속에 이런 시간들을 확보해 두는 것이 필요하다.

7
상담 사례

1. 사례 1: 조기유학으로 학습결손이 생긴 초등학교 6학년 명훈[1)]

아버지와 함께 상담실을 찾은 초등학교 6학년의 명훈(가명)이는 작은 체구에 위축된 모습이었다. 어릴 때부터 총명했던 명훈이는 3학년 때 어머니와 함께 미국으로 조기유학을 떠났다가 할아버지의 건강악화로 4학년 때 다시 한국으로 돌아왔다. 결국 할아버지는 돌아가시고 명훈이는 5학년 초에 다시 미국에서 다니던 학교로 돌아갔다. 그러나 명훈이 어머니에게 애인이 생겨 아버지와 이혼을 하였고 명훈이는 아버지에게로 보내졌으며 그 충격으로 할머니마저 돌아가셨다. 상담실을 찾았을 당시, 명훈이는 한국에 돌아온 지 1년이 채 되지 않은 때

1) 유료상담기관에서 이루어진 상담 내용을 정리함. 내담자의 이름은 '명훈'이라고 임의로 정함.

였다. 명훈이는 미국에 가기 전에는 공부를 매우 잘했지만 한국으로 돌아온 뒤부터는 학교 가기도 싫어하였고 담임교사로부터는 학력이 좀 떨어진다는 통보도 받았다. 학원은 학교보다도 더 가기 싫어해서 과외를 시작하였으나 그때마다 한 달을 채우지 못하고 그만두었다. 이러한 상황에서 명훈이는 상담을 받아보는 것이 어떠냐는 교사의 얘기를 듣고 상담실을 찾았다.

1) 심리검사를 통한 내담자 문제에 대한 이해

명훈이는 접수 면접에도 매우 소극적이어서 자신을 잘 드러내지 않았다. 명훈이의 아버지 역시 아들의 문제에 대한 객관적 지표를 요구하여, 명훈이의 동의를 구하고 심리검사를 실시하였다. 첫 방문에서 문장완성 검사를 실시하였고, 다음 회기에 개인 지능검사를 실시하였다.

(1) 문장완성 검사

문장완성 검사에서는 반복되는 주제를 크게 세 가지로 요약할 수 있었다. 첫째, 명훈이는 할아버지와 할머니의 상실에 대한 아픔을 아직 치유하지 못한 채 계속 힘들어 하는 상태인 것으로 나타났다. 추가 질문으로 알아보니 명훈이는 어릴 때부터 할아버지, 할머니와 함께 살면서 맞벌이로 바쁜 부모님보다 조부모와 강한 애착을 형성하고 있었다. 명훈이는 조기유학 때문에 가장 중요한 애착 대상인 할아버지와 할머니와 헤

어져 산다는 것이 매우 힘들었지만 어머니에게 내색을 하지 않았다. 그러나 할아버지의 건강이 악화되어 돌아가시고, 얼마 후 할머니마저 돌아가시자 명훈이는 마음 붙일 곳을 찾지 못하고 계속 불안해 하였음을 확인할 수 있었다. 이런 정서적 불안 상태에서 학업에 몰두하기란 어려울 것이다.

둘째, 할아버지를 죽음으로 이끈 사고인데, 명훈이는 아직도 그 사고에 대한 두려움을 떨쳐내지 못하고 있음이 강하게 나타났다. 그러나 명훈이는 그 충격에 대해 아무에게도 얘기하지 않았고, 괜히 부모님에게 걱정만 끼칠 것 같아 잊으려고만 노력하였다고 말했다. 이는 심리적 외상 후 증후군(PTSD)을 보일 가능성이 높고, 학업에서의 어려움이 이와 관련이 있음을 시사해 주었다.

셋째, 유학생활에서의 어려움과 함께 현재는 집중력 저하로 힘들어 하고 있음을 호소하였다. 이것은 앞서 세운 가설들을 확인시켜 주는 내용이다. 문장완성 검사에서 나타난 이러한 모습은 면접상담에서도 드러났는데, 명훈이는 집중을 못하고 다른 생각을 하였고, 생각의 주제도 뚜렷하지 않았다. 명훈이는 미국에서 학교를 다닐 때보다는 괜찮지만 여전히 학교에 가기 싫고, 공부도 왜 해야 하는지 모르겠으며 답답하기만 하다고 호소했다. 그런데 이런 상태에서 벗어나고 싶은 욕구조차 강하게 나타내지 않았다.

1. 내가 가장 행복한 때는 할머니와 할아버지가 살아계셨을 때입니다.
6. 나는 할아버지에 대한 공상을 잘합니다.
21. 내가 꾼 꿈 중에 제일 좋은 꿈은 할아버지, 할머니가 살아난 것입니다.
31. 내 소원이 마음대로 이루어진다면,
    첫째 소원은 할아버지, 할머니가 살아나는 것
    둘째 소원은 우리 가족 모두 건강하게 사는 것
    셋째 소원은 항상 행복하게 사는 것

12. 내가 가장 싫어하는 사람(은) ○○○
14. 내가 가장 무서워하는 것은 ○○○이 ◇◇하는 것
26. 나를 가장 화나게 하는 것은 ○○○
28. 내가 꾼 꿈 중에 제일 무서운 꿈은 ○○○이 ◇◇했던 것

7. 나에게 가장 좋았던 일은 유학에서 돌아온 것입니다.
8. 내가 제일 걱정하는 것은 집중력이 떨어진다는 것입니다.
20. 나는 때때로 나도 모르게 생각에 빠집니다.
22. 나의 나쁜 점은 집중을 못하는 것입니다.
23. 나를 가장 슬프게 하는 것은 학교 선생님입니다.
25. 선생님들은 저보고 똑똑하나 집중력이 많이 떨어진다고 합니다.
27. 나는 공부가 재미없습니다.

(2) 개인 지능검사

명훈이의 지능검사 프로파일은 [그림 6]에서 보듯이 매우 굴곡이 심하다. 그중 가장 두드러지는 것은 언어성 검사 중 어휘, 이해, 상식 점수가 다른 언어성 검사의 하위 척도들의 점수보다 매우 낮다는 점이다. 이런 하위 척도 간 차이는 주로 조기유학에 따른 한국어 결손이 발생한 경우 나타나는데, 명훈이의 경우는 그 차이가 매우 큰 편이어서 이 부분의 결손을 회복하려면 꾸준한 노력이 필요하다. 이 차이를 그대로 방치하면, 언어가 가지는 보편성으로 다른 과목의 학업에까지 어려움을 초래할 수 있으므로 무엇보다 우선적으로 해결해야 할 과제다.

다음으로 동작성 지능이 언어성 지능에 비해 전반적으로 낮게 나타나고 있는데, 명훈이의 경우 두 가지 가능성을 고려해 볼 수 있다. 먼저, 어릴 때부터 집안의 주목을 받으면서 조기유학까지 떠났던 명훈이는 실제 자신의 능력보다 더 많은 것을 발휘하도록 요구받았을 가능성이 있다. 또한 현재 겪는 심리적 고통으로 특히 시간적 압박감이 있는 동작성 검사에서 자신의 능력 발휘가 잘 안 되고 있을 가능성도 있다.

동작성 검사 중 기호쓰기에서는 소검사 점수가 4점에 머물고 있는데, "모든 게 답답하고 귀찮다."라고 말하는 명훈이의 현재 상태를 나타내는 것일 가능성이 있다. 기호쓰기 소검사는 숫자와 기호가 짝지어 있어서 숫자에 대응하는 기호를 정해진 시간 안에 되도록 많이 쓰는 검사인데, 특별히 지각이상

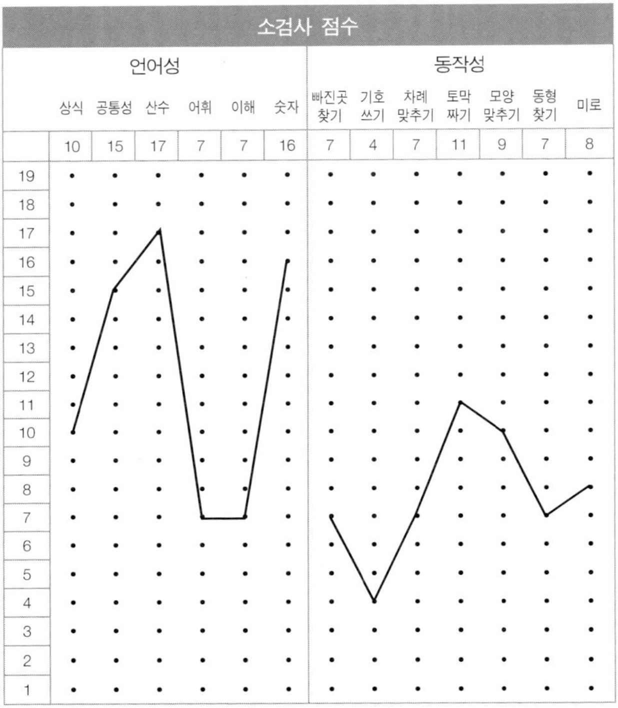

[그림 6] 명훈이의 개인 지능검사(K-WISC-Ⅲ) 프로파일

이 없는 경우, 열심히 과제를 수행하려는 동기가 높은 아동들이 높은 점수를 받는 소검사다. 명훈이의 극히 낮은 점수는 명훈이가 현재 과제를 대하는 태도와 나아가 자신의 삶을 대하고 있는 태도를 나타낸다고 할 수 있다.

2) 상담의 방향

일반적으로 지능검사 결과에 대한 해석은 부모와 함께 이루어진다. 명훈이의 문장완성 검사와 지능검사 결과에 따른 상담자의 소견을 명훈이 아버지에게 알렸다. 명훈이는 현재 학업 자체가 문제라기보다는 그동안 겪었던 어려움들을 아직 극복하지 못하고 있는 상태임을 알렸다. 명훈이가 할아버지와 할머니의 사망, 부모의 이혼, 할아버지를 돌아가시게 한 사고, 미국과 한국을 오가면서 겪은 학교부적응 등 어떤 것도 극복하지 못한 채 참으려고 애쓰고 있는 상태라고 설명했고, 아버지도 그럴 수 있을 것 같다고 수긍하였다. 아버지 역시 명훈이와 마찬가지로 최근에 발생한 이런 일들을 제대로 극복하지 못하고 있다고 호소하였다. 따라서 명훈이의 학업상담에 선행하여 명훈이와 아버지가 함께 심리치료를 받을 것을 권유하고, 전문가에게 의뢰하였다.

또한 명훈이의 한국어 결손은 방치할 경우 다른 학업에도 부정적 영향을 미칠 가능성이 크기 때문에 가능한 빨리 보충학습을 시작하도록 권유하였다. 일반적인 초등학생의 학업을 돕는 학원이나 과외보다 결손된 부분을 집중적으로 개선할 수 있는 보충학습을 마련할 것을 강조하였다. 또한 가정에서도 아버지와 함께 책을 읽고 읽은 내용에 대한 대화를 매일 30분씩 할 수 있도록 행동수정 계획을 수립하였다. 이를 위해 명훈이와 함께 행동계약서를 작성할 수 있도록 상담자가 도와주었고, 매번 상담실을 찾기보다는 사흘에 한 번씩 전자우편으로 행동수정 과정을 점검하였다. 처음에는 행동수정 계획을 저녁 잠자기 전 시간으로 정하였으나, 아버지가 회사에서 늦게 퇴근하는 경우 실천하기 어려워 1주일 후부터는 책읽기 시간을 20분으로 줄이고 시간대도 아침에 일어나자마자로 옮겼다. 이후 2주 후부터 안정적으로 실천해 나가고 있는 것을 확인하고, 점검 시기를 일주일에 한 번으로 늦추었다. 4주 후부터는 전자우편을 통해 점검하지 않아도 잘 실천하고 있음을 확인하고 행동수정 프로그램을 종료하였다.

책읽기 행동수정을 진행하면서 명훈이와 명훈이 아버지의 심리치료 과정과 보충학습 과정에 대해서도 점검할 수 있었다. 심리치료는 행동수정 프로그램이 종료될 때까지 총 5회기가 진행되었는데 도움을 많이 받고 있어서 꾸준히 받아 볼 예정이라고 했다. 또한 일주일에 세 번씩 진행되는 보충학습에도 명훈이가 잘 적응하고 있다고 전하였다.

2. 사례 2: 중학생이 되어 성적이 떨어져 고민하는 영재 소녀 혜미[2)]

중학교 2학년인 혜미(가명)의 어머니가 상담자에게 전화를 걸어 방학을 이용하여 '효과적인 공부 방법'을 지도해 달라고 요청하였다. 어릴 때 영재교육을 받은 혜미는 초등학교 고학년이 되면서 성적이 떨어지기 시작하여, 중학교 2학년 현재는 반에서 중간 이하이고, 어머니가 판단하기에 공부하는 방법을 모르고 의욕이 저하되어 있기 때문이라고 하였다. 특히, 혜미가 어릴 때의 우수한 능력을 발휘하지 못하는 데는 어머니의 잘못(과보호, 과잉교육)이 크며, 혜미를 보고 있으면 눈물만 나오고 자신의 잘못이 너무 크다고 자책하였다. 혜미는 어머니에게 이끌려 상담실에 왔고, 상담에서 무엇을 해야 하는지 모르겠고 걸핏하면 울기만 하는 엄마가 너무 답답하다고 호소하였다.

1) 호소문제에 대한 이해

어머니가 혜미의 학업문제를 호소하며 상담을 요청한 저변에는 소원하고 다소 적대적인 부부관계, 세대 간에 탄탄하지 못한 경계 설정 등 가족관계의 역동이 있었다. 남편에게 큰 애정을 못 느끼고 가정생활에서 행복을 경험하지 못하던 어머니

2) 임은미(1995)의 사례 내용을 중심으로 재구성함. 내담자의 이름은 '혜미'라고 임의로 정함.

는 내담자가 태어나자마자 강하게 애착관계를 형성하여 남편의 빈자리를 메웠다. 외동딸이 뭔가 특별하게 되기를 바라는 어머니는 혜미가 어릴 때 총명하다는 몇 가지 단서(말이 빠르고, 책을 좋아하고, 움직임이 많음)로 공부를 잘하기를 기대하였다. 경제적으로 부유하고 시간도 많은 어머니는 혜미의 바람직한 성장을 위해 좋은 것이라면 무엇이든지 해 주려고 노력했다. 많은 것을 가르치고 싶은 욕심에 이것저것 시켜 봤지만 혜미가 힘들어 할 때면 어머니가 더욱 안타까워하며 '혹시 내가 너무 아이를 혹사시키는 것은 아닌가?'하는 생각에 중단하곤 했다.

최근 혜미의 성적 하락은 어머니의 꿈이 크게 좌절되는 충격이 되고 있다. 남편과 깊은 대화를 나누지 못하기 때문에 혜미의 학습부진 문제도 혼자 고민할 뿐이다. 오히려 남편이 이 사실을 알면 얼마나 핀잔을 할까 하는 생각에 혜미에게 조금만 성적을 올린 다음 아빠에게 알리자고 이야기하고 있다.

혜미는 어떤 일이든 자기가 하기 싫은 일은 손을 대지 못했으며, 좋아서 시작한 일도 어느 정도 기간이 지나서 어려워지면 그만두고 말았다. 따라서 피아노, 수영, 서예, 첼로 등을 배우면서 동일한 행동이 반복되었고, 학업에서도 흥미가 없는 과목은 아예 하지 않는 등 과목 간 편차가 많이 나타나고 있었다. 그리고 스스로를 '특별한 존재' 또는 '아무도 건드리지 못하는 존재'로 인식하는 혜미의 특성 때문에 주위 사람의 충고를 받아들이거나 그들을 본보기로 삼아 스스로를 개선시킬 기회도 없었다. 혜미는 생활관리 능력도 부족한 편인데, 특히 학교에서 돌아오면 TV를 멍하니 보면서 보내는 시간이 많았다. 뭘 해야 할지도 모르고 지저분한 자기 방에 들어가기 싫다고 말하며, 시간관리에 대해서는 아무 생각이 없었다. 성적 저하에 대해서는 현재의 성적으로는 대학을 가지 못할 것이라고 생각하면서 불안해 하기만 했다. 공부는 좋아하는 영어에만 치중하고, 수학은 점수가 매우 낮으며(상담 시작 당시 40점), 과학은 아예 흥미를 잃은 상태다.

2) 상담전략

(1) 관계형성

혜미의 어머니는 공부 방법을 지도해서 빨리 성적을 올려주기를 바라지만, 혜미와의 관계형성이 최우선 과제라는 판단이 들었다. 과보호와 과잉충족 상태에 익숙해진 혜미에게는 상담자가 자신의 복지에 우선적인 관심을 쏟고 있고 따뜻한 배려를 제공해 준다고 믿을 때 지속적인 상담관계가 이루어질 것이라고 예상하였다. 또한 상담자가 자신의 문제를 잘 이해하고 있고, 해결책을 알고 있을 것이라고 기대할 때 혜미 쪽의 '투자'를 유도할 수 있고, 이를 위해 직면과 해석 기법을 적절히 사용하였다. 또 혜미가 '지루함'을 이겨내기 어려워하므로 상담자의 유머 감각도 필요했다.

(2) 공부 방법 지도

신뢰관계가 충분히 이루어지고 혜미 스스로 공부 방법의 필요성을 요청한 시점에서 혜미에게 맞는 학습전략 프로그램을 지도하였다. 혜미는 과학공부가 싫고, 싫은 과목까지 공부를 해야 대학에 갈 수 있는 우리나라보다는 유학을 가고 싶다는 호소를 먼저 하였다. 그러나 9회기에 들어서면서 유학에 대한 생각은 변함이 없지만, 우리나라에서 나름대로 열심히 해야 한다는 생각이 들었다고 하면서, 공부 방법을 알고 싶다고 했다. 따라서 혜미의 실제 공부시간을 파악하고, 어느 시간에 무슨 공부를 얼마나 하는지를 보다 구체적으로 점검하였다. 공부시간 점검표 작성 및 공부계획표 작성을 거쳐 실행에 옮기는 초기에는 상담에 오지 않는 등 저항하는 모습을 보였지만, 잘 극복하면서 시간관리에 대해서도 배웠다. 이후 시험계획표 짜기, 수업시간 보내기, 오답노트 작성법 등 혜미에게 필요한 학습전략을 가르치고, 점검하고, 수정하면서 익숙해질 수 있도록 하였다. 15회기 종결까지는 각 과목에 대한 공부 방법과 공상일지 만드는 법, 수면관리, 건강관리(밥 먹기) 등을 다루었고, 시험을 본 후 마무리까지 상담자가 도와주고 추후상담을 약속하였다.

(3) 어머니에 대한 새로운 시각 유도

어머니와 혜미의 관계에 대해 혜미에게 해석을 제공할 계획을 세웠다. 현재 어머니와의 관계는 어머니가 일방적으로 주고, 혜미는 일방적으로 받으면서 투정을 하고 있었다. 이런 현상에 대한 해석은 청소년기에 접어든 혜미에게 '어머니를 한 인간, 한 여자로 봄으로써 성숙한 관계를 맺도록 도울 수 있으며 더불어 혜미의 성장도 도울 것이다.'라는 생각에서였다.

혜미와 어머니가 함께 상담에 참여한 4회기에서 혜미와 어머니의 상호 이해를 촉진하기 위해 혜미에게는 '내가 50살이 되면'이라는 주제로, 어머니에게는 '내가 다시 15살이 되면'이라는 주제로 글을 쓰게 하였다. 혜미와 어머니 모두 서로에 대한 불만을 간접적으로 나타내는 글을 썼고, 이제 혜미도 무조건적 제공자로서의 엄마보다는 한 인간, 한 여자로서의 엄마로 보는 노력이 필요하다고 알려 주었다. 그러나 이후 회기를 통해 이 부분이 충분히 다루어지지는 못한 것으로 보였다.

3) 어머니와의 상담전략

혜미 어머니와의 상담이 병행되어야 하는 사례로, 부부관계와 자녀지도의 양 측면에서 상담이 진행되었다. 혜미의 어머니는 남편과의 불만족스러운 결혼생활과 혜미에 대한 과도한 애착관계로 '자녀에 대한 책임을 혼자 떠맡음'으로써 과도한 스트레스 상태에 놓여 있었다. 상담자가 운영하는 '자녀와의 효과적인 대화방법' 프로그램에 참여토록 권유하고 개인상담도 병행하였다.

1회기부터 3회기는 전화상담을 실시하였는데, 혜미에게 공부방법을 가르쳐야 한다는 것을 시종 요구하였고 눈물을 많이 흘렸다. 상담자가 내방할 것을 권유하여 4회기는 혜미와 어머니가 함께 상담에 참여하였다. 그러다가 혜미가 어머니와 함께 상담하는 것이 불편하다고 하여 5회기부터는 따로 상담시간을 잡았으며, 8회기부터는 '자녀와의 효과적인 대화방법'에도 참여하였다. 상담 초반에는 혜미의 학습 태도가 빨리 변화하지 않는 것에 대해 조급해 했으나 상담이 진행되면서 기다리는 마음이 생겼다. 혜미의 유학 문제에 대해 남편과 의논할 것을 권유하였지만 도피성 유학이라는 핀잔을 들을 것 같아 이야기를 꺼내지 못하고 미루고 있다고 하였다. 남편 앞에서 말문이 막힐 때 어떻게 할지에 대해 의논하고 역할연습을 하면서 남편에 대한 자기주장 행동이 증가하였다. 부부문제를 다루어야 하는 과제를 남긴 채 혜미의 상담이 종결되면서 어머니와의 상담도 종결되었다.

3. 사례 3: 시험불안을 호소하는 고등학교 2학년 민수[3)]

민수(가명)는 고등학교 2학년 학생으로 공부할 때 자주 머리가 저려 어머니와 함께 상담실을 찾았다. 민수는 초등학교 시절 편두통 때문에 고통받은 적이 있는데 원인은 혈액상의 문제였다. 초등학교와 중학교 시절에는 공부를 잘하는 편이었고, 고등학교 2학년이 되면서 학교에 가면 머리가 아프고 저리는 고통을 느끼기 시작했다. 어머니는 민수의 문제가 상담으로 해결할 수 있는 문제라고 판단하여 민수에게 상담받기를 권유하였다. 민수는 매우 열심히 노력하고 성취지향적이며 우수한 학생이며, 사업을 하시는 아버지와 교사인 어머니, 그리고 중학교에 다니는 남동생과 화목하게 지내고 있었다.

1) 호소문제에 대한 이해

고등학교 1학년까지는 학업성적이 계속 상승세였는데, 고등학교 2학년 초에 치른 시험 성적이 기대에 못 미치고, 경쟁상대로 생각하는 비슷한 수준인 한 급우의 성적이 민수보다 더 뛰어났다는 것을 알고 난 뒤부터 머리가 저려 오기 시작했고, 이런 머리저림은 공부를 방해하였다.

상담자는 민수의 핵심 문제를 '대학입시에 대한 불안'으로

---

3) 『청소년 학업상담』(1996) 중 '오익수(전 한국청소년상담원 상담교수)'의 사례 내용을 재구성함. 내담자의 이름은 민수라고 임의로 정함.

파악하였는데, 상담자가 파악한 내담자의 핵심문제는 다음과 같았다.

> 표면적으로 보이는 주요 증상은 머리저림으로 공부하는 데 방해받는 것이고, 이러한 증상은 '대학입시에 대한 불안감'에서 야기된 것으로 보인다. 이러한 계속적인 불안의 배경에는 '내가 경쟁자로 삼은 친구를 이겨야 해. 만약 그 친구에게 뒤지면 나는 패배하는 거야. 대학에 갈 수 없어.'와 같은 비합리적이고 강박적인 생각이 자리 잡고 있다. 이러한 강박적인 생각은 어렸을 때부터 환경과 경험 속에서 내면화된 것으로 어머니의 완벽주의적 성향의 영향인 것으로 보인다.

2) 상담목표의 설정

상담자는 민수의 문제를 접하고 우선 머리저림의 증상을 약화시키는 데 주력하고자 하였다. 그리고 입시불안의 근본 원인인 강박적인 완벽주의적 사고를 건강한 합리적인 사고로 재무장하도록 하는 것을 다음 목표로 삼았다. 마지막으로 민수가 현재 고등학교 2학년임을 감안하여 앞으로 대학입시까지의 장기적인 공부계획을 체계적이고 구체적으로 세워 자신의 공부계획에 충실하도록 한다는 목표에 합의하였다.

3) 주요 개입전략

(1) 인지적 재구조화

상담자와 민수는 '이 성적이면 보나마나 대학입시에 실패할 거야. 이런 식으로 계속 나가다가는 큰일나는 거야.' 등의 생각을 자신도 모르는 사이에 스스로 주입하고 있음을 발견하였다. 상담자와 민수는 이러한 생각에서 모순을 발견하고 '지금의 시험 성적이 곧 대학입시 성적은 아니며, 앞으로 어떻게 공부하느냐에 따라 얼마든지 변화 가능한 것'으로 생각을 바꿔야 한다는 데 동의하였다. 상담자는 새로운 합리적인 생각을 자기 것으로 만드는 일은 매우 어려운 일임을 언급하고, 민수가 새로운 사고방식을 부단히 생각하고 연습해야 함을 강조하였다. 또한 상담자는 민수 스스로 합리적인 생각을 머릿속에 자주 떠올려 보고 머리저림의 횟수를 매일 기록하는 과제를 부과하였다.

'반드시 ~해야 한다. 만약 이렇게 하지 못하면 큰 일이며 실패하는 것이다. 나는 이를 견딜 수 없다.'는 보다 일반화된 사고의 틀이 민수의 완벽주의적 사고와 관련이 있었다. 이에 대해 상담자는 완벽하게 완전해진다는 것은 불가능하다는 것을 알려 주었다. 만약 민수가 완벽해야 하고 그렇지 않을 경우 견딜 수 없다면 인간이기를 포기하고 감히 신의 대열에 끼려는 것과 다를 게 없지 않느냐고 말하였다.

회기가 진행되면서 민수는 "다른 애들도 나 못지않게 긴장하고 불안해 하는 것 같아 안도감이 들어요."라고 하였다. 이는 공부에 대한 불안을 자신만 겪는 것으로 받아들여 더욱 불안해지기보다는 여기에서 벗어나고 있음을 알려 주는 중요한 반응이었다. 일반적으로 '나만 유독 이런 증세에 시달린다.'라는 생각을 바로잡기 위해 다른 사람의 경우는 어떠한가에 대해 실제적인 자료를 구하도록 하여(여론조사법) 자신의 생각이 비현실적임을 일깨워 줄 수 있는데, 이러한 과정을 민수는 스스로 해낸 것이다.

(2) 신체적 증상의 완화

첫회기부터 머리저림의 횟수를 기록하는 방법을 통해 어떤 개입이 민수의 머리저림 증상을 완화시킬 수 있는지 확인하였는데, 먼저 합리적인 사고를 자주 떠올려 보는 것을 통해 머리저림의 횟수와 강도가 줄어든다는 사실을 알 수 있었다. 또 민수는 쉬는 시간에 농구를 하고 나면 머리가 저리는 것이 줄어든다고 보고하였다. 이러한 효과적인 방식들을 계속 하게 하면서 간단한 이완훈련을 연습하였다. 상담실에서 배운 이완훈련을 실생활에서 구체적으로 적용하여 불안상황에 대처해 보도록 하였다. 불안이 엄습해 올 때 불안 자체에 주의를 집중해서는 불안에서 쉽게 벗어나기 어렵기 때문에 의도적으로 호흡을 가다듬어 어느 정도 신체적 안정을 찾은 후, 그 상황을 해석하는 사고체계를 점검하고 대안적인 사고를 찾아 적용하도록 하였다.

(3) 장기적인 학업계획 수립

민수는 실제 학업성적이 저하된 상태이고, 경쟁자 친구만을 의식해서 장기적인 목표나 계획 없이 학업을 하고 있었다. 이에 대해 상담자는 보다 장기적인 학업 목표와 계획을 세워 이를 실천할 수 있도록 도왔다. 상담자는 민수에게 대학입시까지 1년 여 간의 장기적 공부 계획을 스스로 세워 오라는 과제를 준 다음, 그 과제 내용에 대해 논의하였다. 그리고 다음 과제로 선배, 진학 자료, 진학 사이트, 교사 등의 자문을 통해 나름대로 계획을 세워 보도록 촉구하였다.

부모가 강요하지 않지만 민수가 지각하는 부모의 기대 압력과 민수가 원하는 진로에 대해 이야기를 나누고 현실적으로 민수가 지망할 수 있는 대학과 학과들을 검토하였다. 이 과정에서 민수는 원하는 대학과 학과가 아직 피상적인 수준에 머물고 구체적으로 설정되어 있지 않은 것으로 드러났다. 상담자는 현 수준에서 가능하고 어느 정도 가시적인 진로를 몇 가지 결정해 보고, 도표를 통해 지망 가능한 대학 및 학과부터 더 높은 성적이 요구되는 대학 및 학과의 위계를 표시하였다. 또한 차후 정보의 수집과 더불어 진로를 보다 구체화하거나 수정해 나갈 수 있도록 도왔다.

4) 평가

이 상담은 총 10회기에 걸쳐 실시된 성공사례다. 민수의 상담에서 상담자는 인지적 접근에 가장 주력하였는데 이는 첫 회기부터 매우 효과적이었다. 그 후 점진적으로 변화가 지속되어 민수는 비교적 밝고 여유 있는 마음을 가지고 자신의 학업에 어느 정도 몰두하게 되었다. 민수의 장기적인 진로결정에 대한 조력은 한 달에 한 번 정도 만나는 상담 형식을 통해 이루어졌다.

|참고문헌|

곽금주, 박혜원(2001). K-WISC-Ⅲ 실시요강. 서울: 특수교육.

금명자, 김택호, 김은영(2002). 청소년상담의 기초. 서울: 한국청소년상담원.

김계현(2000). 상담심리학연구: 주제론과 방법론. 서울: 학지사.

김계현(2001). 상담심리학: 적용영역별 접근(개정판). 서울: 학지사.

김계현, 김동일, 김봉환, 김창대, 김혜숙, 남상인, 조한익(2000). 학교상담과 생활지도. 서울: 학지사.

김계현, 황매향, 선혜연, 김영빈(2003). 상담과 심리검사. 서울: 학지사.

김동일(2005). 학업상담을 위한 학습전략 프로그램. 서울: 학지사.

김동일, 김계현, 김병석, 김봉환, 김창대, 김혜숙, 신종호(2002). 특수아동상담. 서울: 학지사.

김동일, 이대식, 신종호(2003). 학습장애아동의 이해와 교육. 서울: 학지사.

김동일, 임은미, 황매향(1995). 학습장애 청소년을 위한 상담과 지도: 카운슬러의 역할과 과제를 중심으로. 청소년상담연구, 제3호, 47-68.

김동일, 황매향, 김동진, 김광선, 임신자(1999). 컴퓨터보고 기초학습기능 수행평가체제(BASA)의 개발: 읽기영역 검사와 교수-학습전략. 서울: 파라다이스복지재단.

김미란(2005). 초등학생의 인지적 · 정의적 특성 및 학습지원 가정환경과 학업성취의 관계. 교육연구논총, 26, 67-97. 대전: 충남대학교.

김아영(1998). 동기이론의 교육현장 적용연구와 과제: 자기효능감 이론을 중심으로. 교육심리연구, 12(1), 105-228.

김아영(2002). 자기결정성 이론에 따른 학습동기유형 분류체계의 타당성. 교육심리연구, 16(4), 169-187.

김아영(2003). 교실에서의 동기. 교육심리연구, 17(1), 5-36.

김아영, 박인영(2001). 학업적 자기효능감 척도개발 및 타당화 연구. 교육학연구, 39(10), 95-123.

김진숙, 박경희, 최은영, 이소래(1997). 청소년 시간·정신에너지관리 연구 IV: 프로그램(개정판) 종합보고서. 서울: 청소년대화의광장.

김창대, 이정윤, 이영선, 남상인(1994). 성적이 떨어지는 아이들. 서울: 청소년대화의광장.

김태성, 김형수, 이영선, 박정민, 임은미(2001). WEB을 활용한 청소년 심리검사 프로그램 개발. 서울: 한국청소년상담원.

김형태, 오익수, 김원중, 김동일(1996). 청소년 학업상담. 서울: 청소년대화의광장.

김혜숙(1983). 중고생의 학습전략과 학업성취와의 관계. 서울대학교 석사학위논문.

김혜숙, 공윤정, 박한샘(1996). 청소년상담모형개발연구 II: 비협조적 내담자의 상담. 서울: 청소년대화의광장.

문선모(1994). 학습방략의 발달과 학업수행. 교육학연구, 32(5), 47-76.

문수백, 변창진(1997). K-ABC 실시·채점요강. 서울: 학지사.

미국정신의학회(1994) 저, 이근후(1997) 역. 정신장애의 진단 및 통계 편람(DSM-IV). 서울: 하나의학사.

박병기, 채선영(2005). 학업수행 자기효능감 척도의 개발 및 타당화. 교육심리연구, 19(4), 1219-1240.

박승호(2007). 자기조절학습의 발전과정과 미래전망. 2007년 자기주도학습 심포지엄 자료집, 서울: 한국자기주도연구원

박승호, 김동일, 황매향, 장미경(2003). 청소년 학업상담. 서울: 한국청소년상담원.

봉미미(2000). 학습동기 관련 연구의 최근 동향. 교육과학연구, 31(3), 179-195. 서울: 이화여자대학교 사범대학 교육과학연구소.

신민섭, 조성준, 전선영, 홍강의(2000). 전산화된 주의력장애 진단시스템의 개발 및 표준화 연구. 소아·청소년 정신의학, 11(1), 91-99.

양미진(2005). 질적 분석을 통한 비자발적 청소년 내담자의 상담지속요인 연

구. 숙명여자대학교 박사학위논문.

오경자, 이혜련, 홍강의, 하은혜(1997). 아동청소년 행동평가척도(K-CBCL) 실시요강. 서울: 중앙적성연구소.

오성삼, 구병두(1999). 메타분석을 통한 한국형 학업성취 관련변인의 탐색. 교육학연구, 37, 99-122.

이성진(1996). 교육심리학 서설. 서울: 교육과학사.

이성진(2005). 한국인의 성장 · 발달: 30년 종단적 연구. 서울: 교육과학사.

이해명(1998). 중 · 고등학생의 학업성적 결정구조. 서울: 교육과학사.

이해명(2001). 학업성적 결정이론. 서울: 단국대학교 출판부.

임은미(1995). 학습문제: 중학교 2학년 여학생과 어머니. 상담사례연구집, pp. 11-43. 서울: 청소년대화의광장.

임은미(1998). 학업동기 및 부모행동과 학업성취도의 관계. 서울대학교 박사학위논문.

정종진 역(1989). 학교학습과 동기. 서울: 배영사. Gage, N. L., & Berliner, D. C. (1984). *Educational Psychology* (3rd ed.). Boston: Houghton Mifflin 중 Section E. "Motivation(16~18장, pp. 369-442)."

정종진(1996). 동기연구의 인지적 경향과 그 교육적 시사-귀인이론을 중심으로-. 교육심리연구, 10(1), 93-121.

최병연(1991). 학습자의 학업성패에 대한 교사의 귀인성향과 피드백 유형 간의 관계. 고려대학교 석사학위논문.

최형주(2001). 내 · 외적 동기 유형에 따른 성격의 상관인 연구. 숙명여자대학교 석사학위논문.

황매향, 김봉환(2002). 귀인훈련 성과연구의 동향과 과제. 학생생활연구 제6집, 157-176. 충남: 한국기술교육대학교.

황애경(2003). 학교학습에서 인지전략효과에 대한 메타분석. 서울대학교 석사학위논문.

Achenbach, T. M. (1991). *Child behavior checklist and child behavior profile-cross-informant version*. Burlington, VT: Author.

Amabile, T. M. (1979). Effects of external evaluations on artistic creativity. *Journal of Personality and Social Psychology, 37,* 221-233.

Amabile, T. M. (1983). *The social psychology of creativity.* New York: Springer-Verlag.

Anderson, S. R., Avery, D. L., Dipietro, E. K., Edwards, G. L., & Christian, W. P. (1987). Intensive homebased early intervention with autistic chileren. *Education and Treatment of Children, 10,* 352-366.

Andrews, G. R., & Debus, R. L. (1978). Persistence and the causal perception of failure: Modifying cognitive attributions. *Journal of Educational Psychology, 70.* 154-166.

Arbona, C. (2000). The development of academic achievement in school-aged children: Precursors to career development. In S. D. Brown, & R. W. Lent (Eds.), *Handbook of counseling psychology* (3rd ed., pp. 270-309). New York: John Wiley and Sons.

Bandura, A. (1977). Self-efficacy: Toward a unifying theory of behavioral change. *Psychological Review, 84,* 191-215.

Bandura, A. (1982). Self-efficacy mechanism in human agency. *American Psychologist, 37*(2), 122-147.

Bandura, A. (1986). *Social foundations of thought and action.* Englewood Cliffs, NJ: Prentice Hall.

Bandura, A. (1997). *Self-efficacy: The exercise of control.* New York: Freeman.

Barkley, R. A. (1998). *Attention-deficit hyperactivity disorder: A handbook of diagnosis and treatment* (2nd ed.). New York: Guilford.

Bar-Tal, D., & Bar-Zohar, Y. (1977). The relationship between perception of locus of control and academic achievement. *Contemporary Educational Psychology, 2,* 181-199.

Bloom, B. S. (1976). *Human characteristics and school learning.* New York: MacGraw-Hill

Bordin, E. S. (1979). The generalizability of the psychoanalytic concept of the working alliance. *Psychotherapy: Theory, Research, and Practice, 16,* 252-260.

Chapin, M., & Dyck, D. G. (1976). Persistence in children's reading behavior as a function of length and attribution retraining. *Journal of Abnormal Psychology, 85,* 511-515.

Craven, R. G., Marsh, H. W., & Debus, R. L. (1991). Effects of internally focused feedback and attributional feedback on enhancement of academic self-concept. *Journal of Educational Psychology, 83*(1), 17-27

Dansereau, D. F.(1988). Cooperative learning strategies. In C. E. Weinstein, E. T. Goetz, & P. A. Alexander (Eds.), *Learning and study strategies* (pp. 103-120). San Diego: Academic Press.

Deci, E. L. (1971). Effects of externally mediated rewards on intrinsic motivation. *Journal of Personality and Social Psychology, 18,* 105-115.

Deci, E. L. (1975). *Intrinsic motivation.* New York: Plenum.

Deci, E. L., & Ryan, R. M. (1985). *Intrinsic motivation and self-determination in human behavior.* NY: Plenum.

Deci, E. L., & Ryan, R. M. (2000). The "what" and "why" of goal pursuits: Human needs and the self-determination of behavior. *Psychological Inquiry, 11,* 319-338.

Derry, S. J. (1989). Putting learning strategies to work. *Educational Leadership, 46*(4), 4-10.

DuPaul, G. J., & Stoner, G. (1994). *ADHD in the schools: Assessment and intervention strategies.* New York: Guilford.

Dweck, C. S. (1975). The role of expectations and attributions in the alleviation of learned helplessness. *Journal of Personality and Social Psychology, 31*(4), 674-685.

Felder, R. (2002). Learning and teaching styles in engineering education.

Engineering Education, 78(7), 674-681.

Forsterling, F. (1985). Attributional retraining: A review. *Psychological Bulletin, 98*(3), 495-512.

Fowler, J. W., & Peterson, P. L. (1981). Increasing reading persistence and altering attributional style of learned helpless children. *Journal of Educational Psychology, 73,* 251-260.

Gelso, C. J., & Carter, J. A. (1985). The relationship in counseling and psychotherapy. *Counseling Psychologist, 13,* 155-243.

Gelso, C. J., & Carter, J. A. (1994). Components of the psychotherapy relationship: Their interation and unfolding during treatment. *Journal of Counseling Psychology, 41,* 296-306.

Goyette, C. H., Conners, C. K., & Ulrich, R. F. (1978). Nomative data on revised Conners parent and Teacher Rating Scales. *Journoal of Abnormal Child Psychology, 6,* 221-236.

Gresham, F. M., Evans, S., & Elliott, S. N.(1988). Self-efficacy differences among mildly handicapped, gifted, and nonhandicapped students. *The Journal of Special Education, 22,* 231-241.

Guevremont, D. (1990). Social skills and peer relationship. In R. A. Barkley (Ed.), *Attention-deficit hyperactivity disorder: A handbook of diagnosis and treatment* (pp. 540-572). New York: Guilford.

Hammill, D. D. (1990). On defining learning disabilities: An emerging consensus. *Journal of Learning Disabilities, 23*(2), 74-84.

Heider, F. (1958). *The psychology of interpersonal relations.* New York: Wiley.

Hill, C. E., & O'Brien, K. M. (1999). *Helping skills: Facilitating exploration, insight, and action.* Washington D.C.: American Psychological Association.

Jonassen, D. H., & Grabowski, B. L. (1993). *Handbook of Individual Differences: Learning and Instruction.* LEA Pub.

Kaufman, A. S., & Kaufman, N. L. (1983). K-ABC *administration and scoring manual*. Circle Pines, MN: American Guidance and Services

Kirk, S., & Chalfant, J. (1984). *Academic and developmental learning disabilities*. Denver: Love Publishing.

Lent, R. W., Brown, S. D., & Larkin, K. C. (1986). Self-efficacy in the prediction of academic performance and perceived career options. *Journal of Counseling Psychology, 33*, 265-269.

Lepper, M. R., & Greene, D. (1975). Turning play into work: Effects of adult surveillance and extrinsic rewards on children's intrinsic motivation. *Journal of Personality and Social Psychology, 31*, 479-486.

Lepper, M. R., Greene, D., & Nisbett, R. E. (1973). Undermining children's intrinsic interest with extrinsic rewards: A test of the "overjustification hypothesis". *Journal of Personality and Social Psychology, 28*, 129-137.

Lepper, M. R., Keavney, M., & Drake, M. (1996). Intrinsic motivation and extrinsic rewards: A commentary on Cameron and Pierce's meta-analysis. *Review of Educational Research, 66*, 5-32.

Lindsley, D. B. (1957). Psychophysiology and motivation. In M. R. Jones (Ed.), *Nebraska symposium on motivation* (pp. 44-105). Lincoln: University of Nebraska Press.

Lyden, J. A. (1998). Anchoring through attributional feedback: The influence on self-efficacy and performance. Unpublished Dissertation. University of Memphis.

Maslow, A. H. (1970). *Motivation and personality* (2nd ed.). New York: Harper.

McKeachie, W. J., Pintrich, P. R., & Lin, Y. C. (1986). Teaching learning strategies. *Educational Psychologists, 20*(3), 153-160.

Mercer, C. D. (1991). *Students with learning disabilities* (4th ed.). New York: MacMillian.

Mueller, C. M., & Dweck, C. S. (1998). Intelligence praise can undermine motivation and performance. *Journal of Personality and Social Psychology, 75,* 33-52.

Multon, K. D., Brown, S. D., & Lent, R. W. (1991). Relation of self-efficacy beliefs to academic outcomes: A meta-analytic investigation. *Journal of Counseling Psychology, 38*(1), 30-38.

Nicholls, J. G. (1984). Concept of ability and achievement motivation. In R. Ames, & C. Ames (Eds.), *Research on motivation in education (Vol. 1): Student motivation* (pp. 39-73). New York: Academic Press.

O'Neil, Jr., H., & Spielberger, C. D. (1979). Cognitive and affective learning strategies. New York: Academic Press.

Perry, R. P., & Penner, K. S. (1990). Enhancing academic achievement in college students through attributional retraining and instruction. *Journal of Educational Psychology, 82*(2), 262-271.

Relich, J. D., Debus, R. L., & Walker, R. (1986). The mediating role of attribution and self-efficacy variables for treatment effects on achievement outcomes. *Contemporary Educational Psychology, 11,* 195-216.

Ryan, R. M., & Deci, E. L. (2000). Self-determination theory and the facilitation of intrinsic motivation, social development, and well-being. *American Psychologist, 55*(1), 68-78.

Schunk, D. H. (1981). Modeling and attributional effects on children's achievement: A self-efficacy analysis. *Journal of Educational Psychology, 73*(1), 93-105.

Schunk, D. H. (1982). Effects of effort attributional feedback on children's perceived self-efficacy and achievement. *Journal of Educational Psychology, 74*(4), 548-556.

Schunk, D. H. (1983). Ability versus effort attributional feedback: Differential effects on self-efficacy and achievement. *Journal of Educational Psychology, 75*(6), 848-856.

Schunk, D. H. (1984). Enhancing self-efficacy and achievement through rewards and goals: Motivational and informational effects. *Journal of Educational Research, 78,* 29-34.

Schunk, D. H. (1986). Vicarious influences on self-efficacy for cognitive skill learning. *Journal of Social and Clinical Psychology, 4*(3), 316-327.

Schunk, D. H. (1991). Self-efficacy and academic motivation. *Educational Psychologist, 26,* 207-231.

Schunk, D. H. (1994). Self-regulation of self-efficacy and attributions in academic settings. In D. H. Schunk, & B. J. Zimmerman (Eds.), *Self-regulation of learning and performance: issues and educational applications* (pp. 75-99). Hillsdale, NJ: Erlbaum.

Schunk, D. H., & Cox, P. D. (1986). Strategy training and attributional feedback with learning disabled students. *Journal of Educational Psychology, 78*(3), 201-209.

Schunk, D. H., & Rice, J. M. (1987). Enhancing comprehentional skill and self-efficacy with strategy value information. *Journal of Reading Behavior, 19,* 285-302.

Shell, D. F., Colvin, C., & Bruning, R. H.(1995). Self-efficacy, attribution, and outcome expectancy mechanisms in reading and writing achievement: Grade-level and achievement-level differences. *Journal of Educational Psychology, 87*(3), 386-398.

Vallerand, R. J., & Bissonnette, R. J. (1992). Intrinsic, extrinsic, and amotivational styles as predictors of behavior: A prospective study. *Journal of Personality, 60,* 599-620.

Vallerand, R. J., Pelletier, L. G., Blais, M. R., Briere, N. M., Senecal, C., & Vallieres, E. F. (1992). The academic motivation scale: A measure of intrinsic, extrinsic, and amotivation in education. *Education and Psychological Measurement, 52,* 1003-1017.

Vallerand, R. J., Pelletier, L. G., Blais, M. R., Briere, N. M., Senecal, C., &

Vallieres, E. F. (1993). On the assessment of intrinsic, extrinsic, and amotivation in education: Evidence on the concurrent and construct validity of the academic motivation scale. *Education and Psychological Measurement, 53,* 159-172.

Weiner, B. (1979). A theory of motivation for some classroom experiences. *Journal of Educational Psychology, 71*(1), 3-25.

Weiner, B. (1984). Principles for a theory of student motivation and their implication within and attributional framework. In R. Ames, & C. Ames (Eds.), *Research on motivation in education (Vol. 1): Student motivation* (pp. 15-38). New York: Academic Press.

Weinstein, C. E., & Mayer, R. E. (1986). The teaching of learning strategies. In M. C. Wittrock (Ed.), *Handbook of Research on teaching* (3rd ed., pp. 315-327). New York: Macmillan.

Witkin H. A., & (1977). Role of Field-Dependent and Field-Independent Cognitive Styles in Academic Evolution: A Longitudinal Study. *Journal of Educational Psychology, 69,* 197-211.

Zimmerman, B. J. (1990). Self-regulating academic learning and achievement: The emergence of a social cognitive perspective. *Educational Psychology Review, 2,* 173-201.

Zimmerman, B. J. (1994). Dimensions of academic self-regulation: a conceptual framework for education. In D. H. Schunk, & B. J. Zimmerman (Eds.), *Self-regulation of learning and performance: Issues and educational applications* (pp. 3-21). Hillsdale, NJ: Erlbaum.

Zoeller, C. J., Mahoney, G., & Weiner, B. (1983). Effects of attribution training on the assembly task performance of mentally retarded adults. *American Journal of Mental Deficiency, 88,* 109-112.

|찾아보기|

인명

공윤정 19
곽금주 30
구병두 22
금명자 19
김계현 11
김동일 99, 102
김미란 23, 45
김아영 82
김혜숙 19

박한샘 19

서봉연 30
신민섭 131

양미진 19
이성진 28, 44
이해명 23
임은미 82

Arbona, C. 23

Bandura, A. 59
Binet, A. 26
Bloom, B. S. 45
Bordin, E. S. 17

Dansereau, D. F. 94
Deci, E. L. 78, 82
Dweck, C. S. 65

Forsterling, F. 70

Galton, F. 25

Heider, F. 63

Kaufman, A. S. 33

Maslow, A. H. 87
McKeachie, W. J. 94

Nicholls, J. G. 68

Ryan, R. M. 81, 82

Schunk, D. H. 62, 69
Simon, T. 26
Skinner, B. F. 52

Terman, L. M. 26

Vallerand, R. J. 82

Wechsler, D. 29, 39
Weiner, B. 63, 67

내용

ADHD 진단 131
ADHD 평가 134
Binet 검사 25
Conners 부모평정척도 132
KEDI-WISC 30
KEDI-기초학습기능검사 122
KWIS 30
K-ABC 33
K-WAIS 30
K-WISC 30
K-WISC-Ⅲ 30, 41, 168
K-WPPSI 30
MBTI 성격유형 112
Stanford-Binet 검사 26
TOVA 131
U & I 학습유형 검사 112
WAIS 29
WISC 29
WPPSI 29

간헐강화 58
강화 52, 133
개인 내적 분석 32
개인 지능검사 27
결정적 능력 40
결핍욕구 90
공부 방법 98
과업에 대한 합의 18
과잉행동 128
관계형성 17
관리전략 102, 95
귀인 63
귀인양식 63
귀인피드백 66, 71
귀인훈련 66
귀인훈련 기법 70
귀인훈련 성과연구 74, 76
귀인훈련 프로그램 67
규준 36
규준분석 32, 36
기초학력 진단검사 46
기초학습기능 수행평가체제: 수학 검사 123
기초학습기능 수행평가체제: 읽기 검사 122
기초학습기능검사 46

기초학습능력 152

내외 차원 63
내재적 동기 82
내적 동기 78, 158
노력관리 107

단기 목표 104
대리경험 61
동작성 검사 30
동작성 지능 39

메타 분석 22, 59
목표에 대한 합의 18
무동기 82
문장완성 검사 164
미세 뇌기능 이상 117

반성적 인지양식 111
보상에 의한 내적 동기 감소효과 79
부모의 기대 150
부주의 127
분석 53
비자발적 내담자 14
비자발적 청소년 19

사회경제적 지위 23
사회성 훈련 프로그램 136
사회적 동기 86
산수장애 121
산술장애 121
상담 123
상담과정 17
상담목표 13, 38
상담협력관계 17
상위인지 101
상위인지전략 95
생리적 · 정서적 상태 61
생활연령 26
선수학습 45
선행학습 152
성공경험 154, 61
성공에 대한 귀인 67
성장 욕구 88
성적 25
성적 향상 150
순발력 160
시간관리전략 103
시간관리전략 프로그램 103
시연전략 99
실패에 대한 귀인 67
쓰기장애 122

아동청소년 행동평가척도 132
안정성 차원 63, 64
약물 치료 138
약호화전략 100
언어성 검사 30
언어성 지능 39

언어적 설득 61
외재적 동기 82
외적 동기 78
욕구 위계 이론 87
우반구 39
웩슬러 검사 29, 37
유대 18
유동적 능력 40
유아기 · 소아기 · 청소년기에 흔히 처음으로 진단되는 장애 113
인본주의 87
인지양식 110
인지전략 95, 99, 102
인출 100
읽기장애 121

자기결정성 82
자기결정성 이론 81
자기주도학습 60
자기효능감 59, 66
자아실현 87
자율성 81
자폐성 장애 139
자폐성 장애 진단 기준 140
장기 목표 104
장독립적 41
장독립적 인지양식 111
장의존적 41
장의존적 인지양식 111
재귀인훈련 66
전반적 발달장애 114, 139
정교화전략 100
정보처리 체계 102
정상분포 38
정신에너지관리 107
정신에너지관리 프로그램 107
정신연령 26
정신지체 114
좌반구 39
주의력결핍 과잉행동장애(ADHD) 115, 126
주의집중관리 107
주의집중전략 99
중기 목표 104
지구력 160
지능 23, 25, 29
지능검사 25, 167
지능지수(IQ) 25, 27, 37, 38, 44
지적 능력 24, 25
집단 지능검사 27

충동성 127
충동적 인지양식 111
칭찬 58

카우프만 검사 33

통제 가능성 차원 63, 64

학문적 자기효능감 59

학습결손 153
학습동기 24, 51
학습된 무기력 158
학습스타일 160
학습장애 115, 117, 123
학습장애 정의 117
학습장애의 진단 기준(DSM-Ⅳ) 113, 121
학습전략 24, 93
학습전략 프로그램 159
학습전략의 분류 94
학업기초능력 46
학업문제 15
학업문제 진단 체계 21
학업문제의 분류 체계 21
학업상담 12, 13
학업성취도 25
학업성취도검사 46
학업성취도 결정요인 21
학업우수아 155
한국판 주의력장애 진단 시스템 131
행동수정 프로그램 133
행동의 A-B-C 53
행동의 연결고리 53
후속자극 53

저자 소개

황매향

서울대학교 약학대학 제약학과 졸업(학사)
서울대학교 사범대학 교육학과 졸업(학사, 석사, 박사)
서울대학교 학생생활연구소 상담연구원
University of Missouri Career Center 초빙연구원
한국기술교육대학교 대우교수
현 경인교육대학교 교육학과 교수

〈주요 저서 및 역서〉
청소년 발달문제와 상담(공저, 한국청소년상담원, 2002)
청소년 학업상담(공저, 한국청소년상담원, 2003)
상담과 심리검사(공저, 학지사, 2004)
사례로 배우는 진로 및 직업상담(역, 학지사, 2005)
진로탐색과 생애설계(공저, 학지사, 2005)

상담학 Best Practice 시리즈–상담문제 영역 1
학업상담

2008년 4월 30일 1판 1쇄 발행
2014년 8월 20일 1판 3쇄 발행

지은이 • 황 매 향
펴낸이 • 김 진 환
펴낸곳 • (주) 학지사
121-838 서울특별시 마포구 양화로 15길 20 마인드월드빌딩 5층
대표전화 • 02) 330-5114 팩스 • 02) 324-2345
등록번호 • 제313-2006-000265호
홈페이지 • http://www.hakjisa.co.kr
커뮤니티 • http://cafe.naver.com/hakjisa

ISBN 978-89-5891-672-7 93180

정가 10,000원